資本主義はどこまで暴走するのか

森永卓郎×吉田　司
Morinaga Takuro　*Yoshida Tsukasa*

青灯社

資本主義はどこまで暴走するのか

装幀　三村 淳

目次

Ⅳ アンチ新自由主義の人間像 *141*

第2部　対談をおえて　*183*

V　日本人の手にもう一度〈未来〉を――吉田　司　*184*

はじめに

吉田　司

この国は長い間魔法にかかっていた。「構造改革」という名の魔法。「規制緩和」や「改革なくして成長なし」という新自由主義時代の「小さな政府」の呪文。人びとが「痛みを伴う」構造改革という脱デフレの夢からさめた時、日本の国と民の暮らしは以前とはマッタク別物の弱肉強食的な競争世界にすりかえられていた。総中流文化は崩壊し「下流化」「格差社会」がつくられ、日雇い労働の人材派遣業（口入屋《くちいれや》稼業）が横行するワーキングプア地獄に変貌していた。魔法使いの名は小泉純一郎と言った。メディア風に言い変えれば、〈小泉マジック〉である。

では、魔法使いがナゼこんなあこぎな真似をしたのか、小泉改革の原点てのを考えてみよう——小泉の祖父・又次郎は戦前横須賀軍港の町の「小泉組」（とび職）の若頭領で、博徒相手に抗争するなど「手首から足首にかけて全身見事な九門竜の刺青をして」（加藤勇『小泉又次郎伝』）おり、浜口雄幸内閣の逓信（郵政）大臣になった時、人々は彼を「入れ墨大臣」と呼んだという。国民的人気も高く、戦前ポピュリズムの代表的存在だった。つまりね、この魔法使いの血筋はヤクザちっくな稼業人（土建業・口入れ稼業）的情念の流れなのさ。事実一九九八年自民党の総裁選に出て大敗した時、小泉はあまりの惨めさに「俺は、心に刺青《すみ》を入れたよ」と語り、再起の復讐戦を誓ったと伝えられる。だからね、小泉改革は、八〇年代英国サッチャリズム・米国レーガノミックスの新自由主義改革の「一周遅れの物真似」と当時からよく揶揄されたが、その本質がホントにそんなワイドなグローバリズム性の中にあったのか疑問だね。だってヤクザちっくな情念の「任侠首相」（作家の大下英治）の時代なら、日雇い労働の人材派遣業（口入れ稼業）が発展するのは当り前の話ではなかろうか?!

例えばヤクザの起源は江戸時代、大名旗本の土木工事の口入れ稼業、そのピンハネ・ビジネスから始まったとする学説がある。あの幡随院《ばんずいいん》長兵衛《ちょうべえ》みたいな〝男立《おとこだ》て〟がその走《はし》りですよ。それから一九六〇～七〇年代の経済成長期の土木工事現場で日雇い労働者をピンハネしたり、タコ部屋労働を仕切って食っていたのがヤクザ暴力団の手配師だったことは、年配の日本人なら誰でも知っている。ヤクザと口入れ稼業は切っても切れない深い縁があるのだ。小泉改革以来の「派遣法」万能の時代は、グローバル資本主義の低賃金に対抗する「二一世紀の生き残り戦略」と称揚《しょうよう》されたが、実際のところは単なる封建ヤクザ資本主義への後退ではなかったのか。そして今、日本の「全労働者の三分の一は非正規雇用で、年収二百万円以下のワーキングプアは一千万人」に達している。

森永卓郎さんと私の二人組はずっと長い間、それぞれ己れの分をわきまえながら極めて温厚にこのヤクザ資本主義（日本型新自由主義）のあこぎな封建商売を批判・反論する評論活動を続けてきた。そして会う度に、地方都市の取材で歩くと必ず出合う商店の倒産シャッター街（無人の町）現象を語り合っては嘆くのだった——この国ではさらなる構造改革（規制緩和）を進めないと外資に見棄てられ〝国が亡《ほろ》ぶ〟という救国論ばかりが大手を振っている。《国》が亡ぶ前に《民》が亡ぶわ……って救民論がひとつもないと。魔法の呪いがまだ解けないと。しかしこの間のアキバ事件（〇八年六月八日、派遣労働の加藤智大容疑者がトラックとダガーナイフで一七人を殺傷）でわたしたちはぶち切れた。もう我慢がならない。

アキバは森永さんが最も愛する「萌《も》え」の無防備都市＝非暴力の「オタク」の若者たちの聖都だったからだ。この本の中で森永さんは延々とアキバに対する彼の思い入れを語っている。その街で人々が殺された！

わたしも、アキバ事件は新自由主義ワーキングプア時代の非道さが裏返しにされ暴発した事件と論評し、携帯サイトやネットにあふれる次のような若者たちの呪詛の声を並べた。

「会社や国に、血の一滴まで吸い取られる社会」

「派遣制度の最大の搾取者は大会社だけでなく、派遣社員の社長」

「小泉元首相死ね。加藤は被害者だ。小泉氏ね死ね死ね死ね…」

そう、このまま日本人が魔法の夢からさめなければ、アキバ（「誰でもよかった」無差別殺人）の後からやってくるのはワーキングプアな閉塞社会をなおも堅持しようとする政治家や財界への明確な〈政治的テロル〉の季節だろう。しかしわたしたちは戦前軍国右翼「血盟団」の三井財閥理事長団琢磨へのテロのようなものをふたたび呼び寄せてはならないのだ。

こうしてわたしたち二人組はいま隠忍自重の臍《へそ》の尾を切り、この日本型新自由主義〈ヤクザ資本主義〉への戦いを声高く叫び世に問うことに決めた。

「何が『改革』だ。何が『民営化』だ。何が『規制緩和』だ。みな、自分たちの利権を拡大するために使った隠れ蓑にすぎないではないか。覚悟していなさい。これから、構造改革派が行ってきた国民への背信行為を私たちが暴いていくのだ。…これからは反転攻勢だ。この本はその反撃ののろしなのだ」（森永卓郎）

日本だけではない。新自由主義の失敗・破綻はいま世界的規模ではじまっている。米国サブプライムローンの信用崩壊に端を発した金融危機は原油高・穀物高のグローバル・インフレと結びつき、「一九二九年（の世界大恐慌）に匹敵する」（麻生首相）世界同時不況の奈落へと突き進んでいる。世界各国でリストラや食糧難にあえぐ人々がデモやストを繰り返している。世界中で「くたばれ、新自由主義！」の声が高まっているのだ。住宅バブルが崩壊、証券・投資の金融機関に公的資金が導入されはじめたアメリカ帝国にも大きな転換期が訪れようとしている。『週刊東洋経済』（〇八年八月九日号）の中でジャーナリストの中岡望は「米国経済の根底が徐々に崩れ始めているように見える」と次のようにレポートしている。

「米民主党は住宅ローン問題を解決するために政府が積極的介入することを主張しており…バラク・オバマ上院議員も（これを）歓迎する声明を発表した。（中略）オバマ議員は、明らかに政府の市場介入、大きな政府を志向する〝伝統的なリベラル主義〟の立場へ傾斜している」（六四頁）

ロナルド・ドーア氏（ロンドン大学LSE名誉フェロー）も「新自由主義者よ、小政府主義者よ！　本家のアメリカさんが住宅関連の二大金融機関の国有化という社会主義政策に出た」（東京新聞九月一四日）、さあ日本はどうする?!　と指摘しているぜ…と、ここまで書いてきたら、九月一五日ドーン!!　と「米国四位の大手証券リーマンが破綻し、三位のメリルリンチが米銀行二位のバンク・オブ・アメリカに救済合併された」「ＡＩＧ（保険世界最大手）は公的管理に」という衝撃的ニュースが飛びこんできた。いよいよ世界大恐慌（同時不況）あるいはドル暴落の奈落の底に向かって〝地獄の釜の蓋《ふた》が開いた〟って感じだ。よほど仰天したものか行天豊雄氏（国際通貨研究所理事長）などは、いまさら改めて「冷戦終了後の世界のパラダイムとなったアングロサクソン型の市場主義モデルは破たんしたのか」（日本経済新聞九月二三日）と問うている。そうに決まっているじゃないか。

これは魔法の崩壊＝長い間つづいてきた「弱肉強食」新自由主義イデオロギーの世界的敗北、退場勧告なのだ。

そうさ、今日は昨日のままの今日ではない。明日に向かって転換していく今日だ。町を歩くと本屋の店頭には小林多喜二の『蟹工船』が平積みになっている。蟹工船ブームだ。しかし小林のプロレタリア文学が栄えたのは昭和初期一九二九年の大恐慌期の話だ。インターネット・グローバル資本主義の新自由主義時代の教科書としてはいささか古すぎる。ただ若者にとって『蟹工船』という古典ぐらいしか〝戦う本〟がいまの日本に見つからないのだとすれば、それは本当に心の痛む現実だ。やはり「新しき酒は新しき皮袋に」仕込まねばならないだろう。願わくばこの森永・吉田二人組の「反転攻勢」宣告書が新『蟹工船』時代の決然たるナビゲータとならんことを。

第1部　森永・吉田対談

Ⅰ　資本主義の大変動が起きている

いまや何も作っていないアメリカ

吉田　森永さんとはこれまでに、雑誌『アエラ』（朝日新聞出版社）の「現代の肖像」の時の取材を別にすれば、三回対談しています。各回とも、どういうわけか経済的に重要な局面を迎えているときにお会いしていますね。一回目が、二〇〇一年末。アメリカの総合エネルギー会社・エンロンが粉飾決算で破綻した頃です。二回目が、二〇〇三年。森永さんが『年収300万円時代を生き抜く経済学』（光文社）を上梓されて、日本国内で経済的な二極化が議論されはじめた頃でした。三回目が、ホリエモン（堀江貴文・元ライブドア社長）騒動があった二〇〇六年です。今回もサブプライムローン問題が、世界経済の先行きに暗い影を落としていますね。

森永　そうですね。

吉田　そのサブプライム問題との連関で言いますと、『年収300万円時代を生き抜く経済学』をめぐってお話したときのことを思い出すんです。正直に言いますと、あの当時、年収三〇〇万円時代なんて現実にはやってこないだろうと思っていたんですよ。その前年の私の年収が四〇〇万円でした。私は物書きで、自分はヤクザな仕事、外れ仕事をやっているという認識があります。だから、毎月給料がもらえて、福利厚生もしっかりしているサラリーマンは、私から見れば上流階級。私より年収が下回るはずがないって思っていました。年収三〇〇万円時代なんて、森永さんもよく言うよね、なんて思っていたんです（笑）。

こんなこと思ったのが、二〇〇三年のことですから、まだまだデフレの最中でしたね。私は、このデフレからいつかは脱却できるだろうと思っていたんです。ただ、デフレが終わったなと思ったとき、自分の身の回りの世界を見渡してみたら、今までとは全く違う世界が現出していて、あっとそのことに驚くんだろうなという予感はありました。そしたら、そのあと、『年収120万円時代』（あ・うん、二〇〇七年）をお書きになった。これには唖然としました。

森永　正社員でいられれば、年収は三〇〇万円で下げ止っています。でも、非正社員の年収は、たったの一二〇万円ですよ。二、三年で、この低所得者層、もっと言ってしまえば貧困層が劇的に増えたんです。ＯＥＣＤ（経済協力開発機構）が実施している貧困率調査がありまして、一昨年、二〇〇〇年度の調査結果が発表されました。貧困率一位がアメリカで……。

吉田　日本は？

森永　二位なんです。

吉田　世界で？

森永　先進国中二位。おそらく、次回の調査では一位になると思います。格差の金メダルですよ。

吉田　私自身、出版不況で連載がなくなりワーキングプアは他人事ではないくらいのところにきています。そこに、サブプライムローン問題でしょ。経済誌で世界恐慌という論調もたくさん出てきました。五年前に予感した通り、世界は変わってしまうのではないか、あるいはすでに変わっているのではないかと。日本の貧困率が世界第二位というのも驚きなら、最近の英国の調査（シティ・プライベート・バンクとナイト・フランク社の共同調査）によれば、百万長者（ミリオネア・約一億円）が世界で一番多いのはアメリカ。「日本は76万5千人で、三位の英国の55万7千人を大きく引き離している」（東京新聞、二〇〇八年四月二六日）ってレポートにもビックリします。一体そんな大金、日本人の誰が持ってるんだって。

森永　結論から言いますと、いま経済の分野では大きな地殻変動が起きています。日本で格差が急速に拡大しているのも、サブプライムローンがもたらした危機も、この大変動が原因であり、問題の根っこは同じなんです。

吉田　そこなんですよ。いま、資本主義はどのような姿をして私たちの前に立ち現れているのか。まず、それを知りたいんです。

森永　ものすごく乱暴に言ってしまうと、世界経済の動きには二つあります。ひとつが、モノやサービスを真面目に作って、庶民の生活を向上させ、それでいて商売が成り立つもの。これが、今まで私たちが営んできた経済生活ですね。その一方で、アメリカが世界中に広げている金融資本主義の経済というのがあります。これは人の役に立つようなことを一切やらずに、金を右から左に動かすことによって、金を稼ぐというもの。アメリカっていまや何も作っていないでしょ。映画は作っているけど、テレビは全く作っていないんですよね。

吉田　コンピュータ産業の「モノづくり」のメッカだったあのシリコンバレーですら、投資ファンド会社（ベンチャーキャピタルの金貸し業）に牛耳られている。シリコンバレーの主人公はいまやインテルやオラクル、ヤフーやシスコシステムズなどの「実業」（モノづくり）ではなく、金融を操作する「虚業」の力によって動いている……と聞いてます。

森永　工作機械産業は、一九六〇年代までアメリカが一番大きかったし、最優秀だったんです。まだ残ってるけど、風前の灯ですよね。アメリカ最大の物作りだった自動車産業がどんどんダメになってきています。ゼネラルモーターースはトヨタにおそらく抜かれるでしょう。どんどんダメになってきていて、みんなが右から左に金を動かして繁栄を謳歌しているんです。自分たちが国内でつくりだす付加価値よりも、自分たちが消費や投資に使っちゃうお金の方が一〇〇兆円多いわけですよ。経常収支の赤字の一〇〇兆円というのはそういうことなんですね。でも、日本と中国がアメリカにバッカバカ投資資金入れて金つないじゃうからいままで生き残ってきたんですけど、あのアメリカなんぞをモデルにしてはいけないんです。欲しいもの何もないでしょ。アメリカに旅行に行って買って帰れるもの何かありますか。

吉田　二〇〇六年に行きましたけど、欲しいもの何もありませんでした。それに、アメリカ人の価値観もかなり変化していますよね。作家の吉岡忍や映像作家の森達也らと「五年目の九・一一」ニューヨーク現場集会に参加したんですが、その時吉岡が言ってた。九・一一以後、あのビジネス・スーツでビシッと決めてたニューヨーカーたちの生態が変化したって。

みんなカッコ気にしなくなったって。服装も生き方も、なんかダラッとゆるくなった。極端に言うと、見栄えとか外見なんかドーデモイイ。明日どーなるかわかったもんじゃない……って雰囲気がニューヨークの街の気分だった。刹那的で、長期的なモノづくりの精神には向かない（笑）。

森永　作ってはいるんですよ。ミサイルとか戦車とか核兵器とか。いらないものばかり作っている。そんな国が長持ちするわけがないんです。一歩引いて冷静にながめてみてですよ、ちゃんと仕事しろよという話なんですよ。

吉田　最近のレポートを読んでみると、金融資本主義とか時価総額経営とか、そういう短期的なものにしか目が向いていないことがよくわかりますね。物作りの世界が崩壊していて、シリコンバレーもファンドが支配しているもんだから、市場を打ち壊すような技術大革命は出てこない。出てきても、かつてネットスケープの「モザイク」をマイクロソフトのビル・ゲイツが叩きつぶしたように、革命的技術は〝芽〟のうちに摘まれるか、M&Aで買収されマイクロソフトやファンド大手の収益を増大させるだけ。明日を築く……、そんなの知ったこっちゃない。今日のお宝の山をどうするかだけしか考えない、時価総額って（笑）。

森永　いまはたまたま水商売で繁栄しているわけですよ。水商売が怖いのは、いったん客が引くと、いっきにダメになるんです。

吉田　だからそうならないように、中国と日本がせっせとアメリカ国債を買って入れ揚げているわけでしょ。

森永　でも無制限に金を入れ続けられるわけないじゃないですか。サブプライム問題がでてきたときに、中国や日本からの投資資金が一気に引き上げに出たんですよ。だから急激に円高になったんですね。

吉田　結局、アメリカが空っぽだということはみんな知っていて、それを支えている構造なんでしょ。

森永　空っぽに気づいているというよりは、むしろ一種の幻想に基づいているんじゃないでしょうか。アメリカという国は立派な国で経済もしっかりしていて……。

吉田　そうだよね。アメリカ幻想ですよね。たとえば、あのラムズフェルド国防長官がナチスドイツ並みの電撃戦をやってバグダッドミサイル大空爆でイラクを陥落させたとき、文芸評論の福田和也がいまや米国は軍事的リバイアサン（聖書に出てくる海の大凶獣）で抗する術がないとまで書いたんですね。そこで私は「んなことねぇだろ」、おまえさん右派の代表的論客として、アメリカ幻想過剰。「反米」の矜持はないのかみたいなことを問うた覚えがある。実際、それ以後のイラク占領はハチャメチャ。現在のスンニ派、シーア派、アルカイダの三者殲滅《せんめつ》戦を逆に作り出してしまった。リバイアサンなんて幻想も幻想だったわけで（笑）。中東のアラブ民族主義にはこういう諺があるそうです。「ぴょこぴょこ動き回る道化のようなアラブ人を打ち負かすのはいともたやすい。（だが）アラブ人はゴムでできたピエロのようなもので、殴ればぶっ倒れ、倒れればすぐもとに戻る」（『我らが祖先のふところで』ジャン・ルヴェル）ってね。この幻想を捨て、このリアリズムの側に立たねばならない。

森永　今回のサブプライムローン問題なんて、その典型ですよ。

サブプライムローンは闇金融と同じ仕組み

吉田　サブプライムローン問題でよくわからないのが、住宅ローンを証券にしたものを各国の金融機関が買ったということ。リスクの証券化という言葉も聞きましたが、ローン返済の焦げつきをあらかじめ想定して、それを証券化して売りさばくって、一体どーしてそういうことができるんですか？　そんなのファンタジーの世界なのではありませんか。ロシアンルーレットみたいな、危険な弾丸に当たった人は地獄行き（笑）ってゲーム感覚で、とうてい実物経済のデキゴトとは思えない。

森永　最初に経過をおさらいしましょう。アメリカの住宅ローンには、プライムローンとサブプライムローンがあります。プライムは、中堅所得者向け。サブプライムは低所得者向け。最初の金利はどちらも五％で同じなんですが、三年たつとサブプライムの金利は倍くらいになるんです。金利が二ケタ。低所得者には二ケタの金利は払えませんよ。一方のプライムの方は金利が変わらないんですけどね。

吉田　すると、サブプライムって日本の高利貸と同じじゃないですか。

森永　そう。日本の闇金融と同じ仕組みなんです。プライムローンには、アメリカの金融当局の監視がありますから、めちゃくちゃな貸し出しは行われません。クレジットスコア（信用度）の低い人には融資されないんです。ところが、サブプライムローンはその規制外なんですね。クレジットスコアの低い人にもバンバン貸しちゃう。サブプライムローンの契約には、住宅ローン会社と借り手の間にブローカーが入ります。ブローカーは手数料商売で、めちゃくちゃするわけです。一番多くつかれた嘘というのが、三年後には、住宅価格が上がっているから、資産価値が高まって、サブプライムからプライムに借り換えられますよ。プライムに借り換えれば、金利の急上昇もありません、と。確かに、住宅価格が上がれば担保価値が上がり、その分、新たなローンを組むことができるんです。住宅価格が上がり続けている限りは破綻しないんです。

吉田　ところが住宅バブルがしぼんで、頼みの住宅価格が下落してしまったんですよね。

森永　そうです。住宅価格が上がらなくなると、新規にお金をつまめなくなるから、そこで破綻してしまうんです。しかも、アメリカのヒドイ仕組みというのは、それを証券化して売ってしまったということなんです。

吉田　その、証券化する、というのがよくわからないんです。

森永　住宅ローン会社が直接、サブプライムローンを証券にするわけではありません。住宅ローン会社は、サブプライムローンそのものを担保にして債券を発行し、それを売るんです。その債券を、証券を発行する金融機関が買って、自動車ローンやクレジットカードのローンなど、いろいろな債券と混ぜて、ＣＤＯ（Collateralized Debt Obligation）という債務担保証券を発行し、投資家に売ります。買い手の大部分は金融機関でした。

吉田　その組み合わせは証券会社が自由にできるんですか。

森永　そう。他のローンとの組み合わせによっては、トリプルＡの高い評価がついたＣＤＯもありました。日本の国債の格付けはシングルＡですよ。冷静になって考えれば、トリプルＡなんてありえないでしょ。ほかのローンと組み合わせたことで、わからなくなったんだと思います。

吉田　その証券を買うと、どういう利益が上がるんですか。

森永　証券に返済金が入っています。サブプライムが入っていれば、利息は一八％くらいになるものもある。手数料を引かれても、十何％もの高利回りがうたわれているわけです。

吉田　住宅価格が上がらなくなり、返済不能に陥った人が続出して、高利回りのはずの証券が、不良債権になってしまったということですか。

森永　不良債権といっても、日本でバブルが弾けて発生した巨額の不良債権とは性格が異なります。日本の場合は、銀行やノンバンクが融資先の債券を持っていて、回収できなければ、その金融機関の損になるわけですよ。ところが、サブプライムを扱う住宅ローン会社は、融資した瞬間に債券にして売り飛ばしているので、いくら焦げ付いても損はないわけです。そこにモラルハザードが起きて、いい加減な審査で、低所得者層に融資を実行し続けた。

吉田　最後につかんだヤツがバカを見た？

森永　そのバカが、世界の一流金融機関ばかりだったということなんですね。

吉田　巧妙な詐欺じゃないんですか。

森永　私も最初は詐欺だと思ったんです。でも、そうじゃないみたいなんです。というのは、アメリカのシティバンクやモルガンスタンレー、メリルリンチなど、大手金融機関はみんなCDOをもっていて、大赤字を出しているんですから。世界中の金融機関にばらまいたとはいえ、最大の被害者はアメリカ自身なんです。アメリカぐるみでだますつもりなら、そんなところが保有しているはずがありませんからね。

吉田　さっき森永さんが二つの経済があるって言いましたよね。一つはわれら庶民の暮らし、モノづくりという実物経済。もうひとつは、金を操作して儲ける金融資本主義。そして金融資本主義ではリスクを売買する「デリィバティブ」（金融派生商品）取引なんかが市場経済の主流となってゆく。でもデリィバティブって、株価指数の先物取引とか金利の交換、国債の「売る権利」「買う権利」の取引とか、みんな実体のない金融工学（数字とコンピュータ）のテクノロジーが作りあげた金融概念をやりとりしているだけって気もするわけですね。実物財に較べると「虚なる財」が取引されている。世界経済が虚無化していってるって。すると私、あのミヒャエル・エンデの童話『はてしない物語』を思い出すんですね。あれも〈虚無〉という魔物がファンタージェン王国を浸食し崩壊させてゆく冒険ファンタジー物語です。サブプライム危機って、それと同じ。世界市場もいまや〈虚無〉に足下から浸食され始めているって（笑）。最初にリスクを証券化するなんてファンタジーじゃないかって言ったのは、その意味なんです。

森永 巧妙だったんでしょうね。斎藤貴男さんがサブプライム問題で、アメリカに現地取材に行ったそうです。格付け会社のムーディーズに、なぜ、サブプライムローンを含んだ証券に高い評価をつけたのか聞きに行ったのですが、わからないという答えだったそうです。格付け会社がわからないというんです。でもね、普通に考えれば、年収二〇〇万円台の人がプール付きの家を買っているなんてこと、ありえないじゃないですか。

吉田 低所得者層がたいていそんな家を買ったんですか。やっぱり、アメリカン・ファンタジーじゃないですか（笑）。

森永 田舎だとそうです。私、この問題を通じて思うのは、階級差別の面があるということです。サブプライムローンの借り手は、黒人や下層白人が大半です。ローンの支払いが滞ると、債権者はすぐに裁判所に行って明け渡しを求めるんですね。裁判所が決定を出すと、保安官がその家にライフル銃持ってやってきて、立ち退けと。いやがると手錠をかけて家の中から引きずり出すケースもあるというんです。

吉田 その家は、競売にかけられるの？

森永　そう、オークションにかけられます。買い手はハゲタカの連中です。九〇％以上が白人ですよ。有色人種に返済不能なローンを負わせて、破産させて、それをハゲタカ白人の連中が、半額以下でホイホイ言いながら食っているというのがいま起きている現象なんです。

吉田　言い換えれば、貧しい層と富める層との〝格差〟を利用して商売をするというか、収奪するというか、一種の〝貧困ビジネス〟……。

森永　格差というか、お金の力を使ってあらゆるものを支配していくんです。こういうふうに考えてみましょうか。いままでの経済では、貧しい国と豊かな国との間の貧しい国は農産品を輸出して、先進国の方はそれと引き換えに車や家電製品を輸出する。こういうモノとお金の往来は、お互いにメリットがあったんです。サブプライムローンにひっかかって、住む家を追い出されるようなヒドイものとは次元が違います。でも、いま動いている金融資本主義はそうではありません。お金を持っている人に圧倒的な利益が得られるような仕組みになっているんです。

いまや海賊資本主義

吉田　つまり、金持ちがますます儲かるためには、格差を拡大していった方がいいということとでしょ。金持ちのための、やらずぶったくりのヤクザな資本主義が横行している。ビートたけしの映画『その男、凶暴につき』みたいな奴が世界市場をうろつき回っている（笑）。

森永　そうです。

吉田　だから格差社会をつくるという目標を金融資本主義は最初から立てて行動しているんじゃないですか。だって下層プロレタリアートの再生産＝奴隷労働の復活が一番儲かる（笑）。

森永　金融資本主義が世界を席巻することによって、結果として大きな格差が生じるんです。重要なことは、金を持っているヤツが必ず勝つということなんですよ。金融市場というのは、真面目な仕事ではなくて、ある意味では賭場みたいな性格を持っています。私と吉田さんが丁半博打をするとしますよね。最初、一万円ずつかけます。最初、私が負けて、でも、私の方が金持ちだったとしますよね。今度は、二万円で勝負しよう。また負けたら四万円で勝負しよう。お金のない人は、手持ちの資金がなくなったところで必ずパンクするんですよ。金持ちは絶対に負けないんです。どんどん賭け金を上げればいいのだから。お金を積み上げていって、勝つことによって相手を支配する、これが金融資本主義の一番基本的な原理なんです。

吉田　卵が先かニワトリが先かみたいな話ですが、金融資本主義の人間観て、ホリエモンの「人の心はお金で買える」じゃないですが、一種の金融奴隷制みたいなものではないんですか。

森永　金融資本主義の背景には、新自由主義といわれる思想がありますよね。政府の介入は最小限にとどめ、企業活動を制限するさまざまな規制を撤廃し、経済活動は市場に任せるのが一番うまくいくのだと。そこでうまいことやった人間は、巨万の富を得ることができるが、うまく泳げない人間は、能力がないのだから、下層に落ちてもそれは自己責任だという考え方です。これは、新古典派の経済学に基づいているんです。これはとんでもない経済学で、人間は自分のことしか考えない、自分の利益を最大化するというものすごくわがままな人間だけで社会を構成すると何が起こりますかということを前提に組み立てた経済学なんです。経済学では、全員が自分のことしか考えないというのがとても扱いやすいんです。無償の愛みたいなものを理論化するのはとても難しいんですよ。だから、新古典派の経済学というのは、極端な仮定のもとでの〝思考実験〟として作り上げられたものなんですよ、本来は。

吉田　ホッブスでしたか。「万人の万人に対する闘争」と言ったのは。それの経済版みたいなものじゃないですか。

森永　そう。そんな思考実験を日本のエリートたちが何を勘違いしたのか、正しい経済学と思ってしまったんです。ホリエモンや村上ファンドがやった図式というのがまさにこれなんです。これまでの企業文化というのは、会社があって、そこには従業員とその仲間としての経営者がいる。両者が一生懸命、財やサービスを作り出して消費者に提供する。そういう企業の株式を買い集めて、突然、物言う株主として乗り込み、いままでの商売のやり方を変えろという。内部留保を貯め込んでいるんだったら、俺たちは株主なんだから配当をよこせと言って、散々いたぶった挙句、新しい買い手を見つけて高値で売り抜けるという手法です。

吉田　それって、ボーダフォンを買収していまやケータイ大手にのし上がったソフトバンクの孫正義社長の〈狩猟民族型企業論〉を思い出させますね。こういうの。「小売りや製造業は農耕民族みたいな性格がある……。対してインターネットの世界は狩猟民族的なところがある。ある日突然、パソコン一台を肩に提げてきた若者が業界を席巻することもありうる。だから私としては常にフィールドを眺めてチャンスの芽を探し……、見つけたら素早く飛びかかって事業にする。レーダーで探査していないと、一瞬のうちに抜き去られてしまう」（『PRESIDENT』二〇〇七年二月一二日号）。言ってみれば、農耕型企業がようやくうまみのある収穫期に入ったその瞬間、飛びかかってM&Aしてしまう。つくづく稲＝物づくりをコツコツ積み上げてきた日本型資本主義は終わったんだと思いますよね。そういう孫の狩猟型「インターネット財閥」が、九〇年代ITバブル「生き残り組」であるホリエモンの〝憧れ〟だったわけですから。

森永　ただね、ホリエモンや村上ファンドだけがワルというわけではありません。二〇〇五年二月八日、ホリエモンが突然、ニッポン放送株の三分の一以上を取得しますよね。時間外取引で発行済み株式の三〇％を買ったんです。裁判の結果明らかになったことは、そのときに村上ファンドが堀江に渡した株というのは全体の三割くらいしかないんですよ。残り七割は協調行動をしている者がいたんです。ニッポン放送株を同時に売った。売ったのは内資だったり、外資だったり。

吉田　内資というのは日本のハゲタカ?

森永　ええ。ところがその内資、外資というのはあまり意味がありません。村上ファンドが内資かといったら、そうです、とは答えられないんです。村上ファンドに出資しているのは、日本人もいるし、外人もいますから。

吉田　そこに小市民の個人投資家の金も入っているんですか。

森永　入っていません。出資額は最低一口一〇億円ですから。いま言いました、村上ファンド以外の七割は、無数の小さなハゲタカが売ったんです。ハゲタカの金融資本というのは、モルガンスタンレーだとかゴールドマンサックスだとか大きな名前がついているのもありますが、得体のしれないヤツがいっぱいいるということなんですよ。日本だって、六本木ヒルズに住んでいるヤツはまだましだと言われていて、本当に悪いヤツは世田谷に住んでいると言われているんです。

吉田　世田谷に何があるんですか?

森永　世田谷の豪邸に住んでいるヤツが本当は悪い。村上や堀江は馬鹿だから前に出ていったけど、本当に悪いヤツは裏に隠れて息を潜めてそっとやっているっていう。だいたいフィクサー的な人はそう。

吉田　こいつらのやっていることは、山賊とか海賊みたいなものじゃないですか。言ってみれば、海賊資本主義ですね。

森永　そう。海賊行為を、法律の範囲内、というのは適切な表現ではなくて、捕まらない範囲内でやるというのが、彼らのビジネスモデルなんです。そういうモデルのほうが巨万の富を得ることができて、旧来のビジネスの形態を守り続けてきた人が、どんどん冷や飯を食うという構造へと、いま、世界の経済の仕組みが急速に動き始めているんです。

「弱肉強食」経済の原型

吉田　ファンタジーじゃなくて、もっとリアルな世界資本主義形成史の話をしませんか（笑）。たとえば一六〇二年に設立されたオランダの東インド会社ってありましたよね。世界最初の株式会社と言われる東インド会社が誕生する根底には、一六世紀後半のオランダの独立戦争があるんですよ。

森永　スペインからの？

吉田　そう。スペインから派遣された総督の側近が請願に来たオランダの中小貴族に向かって、「たかが乞食の群れに過ぎない」と侮辱するんです。すると、オランダの貴族たちは森乞食党をつくって、プロテスタントの市民（カルヴィン派）と手を握るんです。海上では海乞食党をつくって、スペインに抵抗する。それが海賊になってスペイン船を襲って、利益を頂戴すると。これがオランダの独立戦争を戦う軍隊へと発展していくわけですね。スペインはカトリックの宗主国みたいなもんですから、カトリックVSプロテスタントの宗教戦争的色彩も帯びてくる。独立後は、艦隊を組んで海上貿易を護衛することになる。つまり、「海賊と軍隊と商業貿易」、これらが一体化して世界資本主義が胎動していく。
アメリカも同じような形態で、カルヴィン派の流れを汲む清教徒（ピューリタン・プロテスタント）が独立戦争を指導してゆきますよね。独立戦争の「最大の勝利者」は誰か？『超・格差社会アメリカの真実』という本を読むと、「イギリスの商船を略奪する免許を得、3000隻以上、当時の価格で1800万ドル相当という膨大な商船と積荷を略奪した船主」＝「海賊資本家」（『超・格差社会アメリカの真実』小林由美、日経BP社、二〇〇六年、一一八頁）だと書いてます。彼らが州知事や上院議員となったり、ボストンの金融センターやニューイングランドの繊維産業、ブラウン大学なんかを創立して、「建国時代の支配者層を形成した」（前掲書、一二〇頁）わけです。そうしたアングロサクソン型「海賊」資本主義が一六世紀から一九世紀にかけて、アジアを侵略し、中南米を侵略して資本主義市場を巨大化していく。この構造はソ連邦崩壊により、世界市場が単一化しつつある現在と非常に似通っていると思うんです。「三つ子の魂百までも」ではありませんが、資本主義は単一市場を手にすると、やることは海賊行為になってしまうのではないか。先祖帰りするんじゃないかと思うんです。

森永　ただ、かつての資本主義とは大きな違いがあります。かつての海賊資本主義は、善悪は別として、収奪したり搾取した富で、工場を建てたり、貿易商社を設立したり、学校を作ったりというふうに、国民生活の役に立つ長期資本を提供していたんですね。現在の金融資本主義者も建前では国民生活に資することを行うと言うんですが、実際にはそんなことするつもりはさらさらない。彼らは泥棒したお金をどう使うかというと、さらなる泥棒にしか使わないんです。

吉田　確かにその違いはあるのでしょうが、資本の蓄積の仕方は構造的に似ていると私は思います。というのも、さっき新古典派経済学の人間像の話をされましたが、その大本締めというか師匠筋はアダム・スミスですよね。彼の『国富論』が発刊されたのは一七七六年、ちょうどアメリカ独立宣言がなされた年なんですね。でね、スミスが提唱したレッセフェール（自由放任主義）は、当時重商主義の国々で（東インド会社みたいな）独占免許制がとられたことを批判して、独占を排除して自由競争させよと主張したわけでしょ。市場の「見えざる手」に任せよと。ところがスミスのレッセフェールを熱狂的に支持したのは、重商主義先進国イギリスではなく、その海賊資本のアメリカだった（笑）。彼らはそれを「アメリカ資本主義の基本理念として定着させていった」（前掲書、一二二頁）と言われてます。おまけにね、海賊資本でしょ。「独占の排除」なんて公正なタテマエが通用するわけがない。かくして海賊的独占資本とレッセフェールの自由放任がアメリカでは握手してしまった（笑）。つまり金持ちのやりたい放題の世界ができあがる。これ、いまの新自由主義「弱肉強食」経済の原型じゃないですかね。

そこでお聞きしたいんですが、金融資本主義の母体が、新自由主義の考え方でしょ。これは八〇年代のアメリカ―ベトナム戦争が終わってアメリカ経済はずっと低迷しますよね。いわゆる世界的スタグフレーションの時代。それを打開しようとレーガン大統領がとった経済政策、いわゆるレーガノミックスに起源があると考えていいんですか。

森永　いえ、いまの金融資本主義の原型は七九年にイギリスで成立したサッチャー政権にあると思うんです。私が小学校でイギリスについて習ったのは、「揺りかごから墓場まで」という言葉に象徴されます。イギリスに生まれると、手厚い福祉政策によって、失業の不安も、老後の不安もない。みんなそこそこ幸せに暮らしていけるんですよ。日本はまだそこまでの経済力がないけど、ああいう国を目指しましょうねと習ってきたんです。ところが、いわゆる英国病が起きてしまうわけです。高福祉社会を維持していくためのコストが国家財政を圧迫し、経済的停滞を招いたと。また、働かなくてもなんとか生きていけると、福祉制度に甘える人々が出てきて、社会的停滞の原因になっていると。そこに、保守党のマーガレット・サッチャーが登場して、思いっきり規制緩和をして、金融ビッグバンを断行するんです。その結果、何が起こったかというと、ロンドンの金融市場・シティでうまいことやった人が、巨万の富を得るわけです。イギリスは身分制度が確立している社会ですから、それまで一般庶民が巨万の富を得るなんてことはありえなかったわけです。それが、そこいらの若造が瞬時に何億円、何十億円というお金を手にしたときに、人間の一番いけない部分がむき出しになってしまったと思うんです。当時、イギリスに住んでいた人の話を聞くと、若造が巨万の富を得て、みんな、その手があったのか、いいなと思ったそうなんです。実際に、金融市場で先に勝った人が、さらに金を突っ込んで次々に同じようなことを仕掛けさせて巨額のお金を得ていったんです。

吉田　またアダム・スミスで申し訳ないんですが（笑）、彼はキリスト教会が人間の物質欲を「根源悪」としてタブー視したのに対し、個人個人が物質欲を追求すれば社会の幸福は増大すると主張した。つまりスミスのレッセフェールは、イギリスではサッチャー政権の時代に亡霊となって呼び出された。すなわち新古典派の金融資本主義の奈落みたいなものが現れ、宇宙のブラックホールみたいに、アメリカ経済もどんどん吸い込まれていったんじゃないですか。

森永 吸い込まれたのか、真似したのかはわかりませんが。その頃、日本は中曽根政権でしたよね。国鉄、専売公社、電電公社の三公社を民営化していきます。

人類史上、もっとも成功した社会主義

吉田 中曽根さんのやったことも、金融資本主義の流れに位置づけられるんですか。サッチャリズムは英国病からどうやって脱出していくか、レーガノミックスは、ベトナム戦争以後、パックスアメリカーナの崩壊をどう食い止めるのか、という危機意識から、それぞれ、新自由主義的な潮流が出てきたのではありませんか。いわば、絶望と隣り合わせで。でも、日本の場合は違いますよね。確かにロン—ヤス関係なんて言われましたけれど、中曽根政権時代は、これからバブル経済に向かっていきますよ、という段階でしょ。新自由主義は、エリート階層の所得を大きくすることで国民国家の延命をはかろうとする、新古典派の人間観に基づいた自己責任の世界でしょ。一方の日本は、戦後復興期から一貫した集団主義ですよね。米英のアングロサクソン型経済とは真逆でしょ。バブルに向かって頂点を極めていこうという時代で、日本型経営が、世界的に注目を集め、異様にクローズアップされていく時代ですよね。

それに一九九六年に私が中曽根さんに直接インタビューしたときは、彼の民営化は米英グローバリズムに参入するというよりは、国内の「戦後政治の総決算」意識の方が強かったように見えた。国鉄民営化も、戦後労働運動の総本山「国労」つぶしが狙いだったと評されたが、実際中曽根は私にこう語ったもの。

「総評を崩壊させようと思ったからね。国労が崩壊すれば総評も崩壊するということを明確に意識してやってたわけです」

左翼や戦闘的労働運動をつぶすことは、中曽根の敗戦＝マッカーサー占領時代からの悲願だったからね。

森永　それでも中曽根さんは、行財政改革を旗印に掲げ、新自由主義的な政策を志向していたと思いますよ。ところが、日本社会というのはあらゆるところにセイフティネットが張り巡らされていて、イギリスやアメリカが歩んだような弱肉強食の世界にはそう簡単に踏み込めなかったのです。このセイフティネットはものすごく強かった。

吉田　どんなところが？

森永　まず、政治面から言いますと、八〇年代末までの自民党政治が、主に富の再分配による平等を志向していたことは確かだと思うんです。都会で莫大な税収が発生しますよね。地方選出の議員がそれをぶん取ってきて、地元にばらまいて、国土の均衡ある発展を目指しましょうと。みんなそこそこ幸せに仲良くやっていきましょうよ、という姿勢はもっと評価されていいのではないでしょうか。高度経済成長期、田舎の人は出稼ぎに行かないと飯が食えなかったわけですよね。そんな現実を見て、お父さんが地元で働きながら、家族一緒にお盆やお正月を迎えようと言った田中角栄の思いはその代表的なもので、間違いではなかったんだと思います。

吉田　その平等志向が、政策面において新自由主義的な弱肉強食の社会の出現を長らく阻んでいたということですね。では、経済面での強さはどこにあるんですか。

森永　守りにあります。これが滅法強いんです。日本は一九八〇年代まで外資系企業の最も少ない国だったんです。外資系企業って、ガソリンスタンドくらいじゃなかったのかな。そんな日本を金融資本主義に巻き込むためには、日本企業の株をどんどん買い占めて乗っ取らなければなりません。ところが、日本には土地本位制というのがあって、これがものすごくうまく機能していたんです。どういうことかというと、銀行は企業に融資するとき、不動産を担保に取るわけです。不動産が担保になれば、サルだって融資できるんです。貸付先の企業の返済が焦げついたって、担保を処分すればいいんですから。リスクがないんです。

吉田　土地本位制と外資からの守りに強いというのはどう関連するんですか。

森永　確実な担保があるから低金利で貸せるんです。ここがアメリカの銀行と日本の銀行の大きな違いで、アメリカは土地を担保にできないんです。確かに担保には取りますけど、だだっ広い国土ですから、土地にあまり大きな価値をつけられません。だからアメリカは倒産リスクを見込んで、高い利子をつけるんです。日本は利ザヤが半分でいいから安い金利でも大丈夫。そうすると、中小企業が生き残れるわけです。中小企業は社債発行したり、ワラント債発行したりして、市場から直接資金を調達できませんよね。でも土地のおかげで銀行が低金利で融資してくれるから、多様な中小企業が生き残れたんです。その中小企業のアイデアだとか感性が集約されたものが製品として、大企業に納品される。トヨタや日産が強かった本当の競争力の源泉は中小企業にあったわけですよ。中小企業は、技術力も、経営も安定していたし、直接株式を発行する必要がないから乗っ取られる心配がないわけです。大企業とその関連会社は内輪で株を持っていますから。

吉田　株式の持ち合いのことですね。

森永　そうです。だから外資はあの日本企業がほしいと思っても、とっかかりがないから乗っ取ることができなかったんです。物理的に。

吉田　そうした日本経済の強さについて、私は近年、考えてきたことがあるんです。その源流は、一九三〇年代の満州国の経営に求められるのではないか、ということです。満州で石原莞爾や岸信介が構想し、実行した経済政策や産業政策は、社会主義的な、ソビエトの五カ年計画に倣ったものでしたよね。あるいはドイツの重工業統制経済です。それが事実上の宗主国である日本に逆輸入されて、戦時統制経済として形を変え、あらゆる産業を国策に沿って再編していきますよね。さらに戦後は軍部と交替した官僚、つまり国が主要産業を統制し、かつ保護する、護送船団方式で経済発展を遂げてゆく。これは満州で採られた統制経済以来の血脈だと思うんです。いや、むしろ〈軍部〉という経済の非効率性・妨害がなくなった戦後の〈官僚〉統制型の方がよりスムーズに高度成長を可能にした面がある。三井、三菱、住友の旧財閥（持ち株会社）支配も、銀行「系列」支配に変わって、その完成形がバブル経済として表現されたんだと思うんですよ。だから一九三〇年代から八〇年代いっぱいまで、経済的には地続きで、一種の国家社会主義的な形態をとり続けてきたのではないかと思うんです。

森永　東大の奥野正寛さんや野口悠紀夫さんのグループの研究による、戦後日本の経済体制は、戦前の国家統制経済に源流があるという、一九四〇年代体制理論と基本的な考え方は同じですよね。これについては私も賛成です。

吉田　ええっ、森永さん。それ簡単に認めちゃっていいんですか。野口さんとは経済学的には逆の立場じゃないんですか（笑）。野口さんはあのデフレ時代、「破綻企業は破綻するに任せるべきだ」「政府が出てくれれば、退場すべき企業が生き残ってしまう」（『日本経済改造論』九頁）と、市場原理（小さな政府）の立場でしたよ。インフレ・ターゲット論にも反対でした。ただし、私の考えは四〇年代統制論より統制経済のスタートと終焉までの年代的な幅が広いのと、そこに込められた情念というか思想もセットで提示しているんです。これがどういう意味をもっているかは、後でお話ししたいと思います。

森永　わかりました。日本がとり続けてきた、中央集権的で、国家が産業を統制し、計画を立てて所得を平等に配分するというのは、私は、人類史上、もっとも成功した社会主義だったと思うんです。一番の典型は、工業高校を卒業する生徒たちの就職先の決め方なんです。成績順、内申書順というほうが正確かもしれませんが、一番の子はトヨタ、二番の子は日産に就職するという、分配システムでみんな正社員として入社していったわけですね。だから真面目にコツコツやっていれば、家族を持てるくらいの給料をもらえてたわけですよ。

吉田　へえ。その振り分けシステムが、経済大国日本の強固な基盤をつくったのかもしれませんね。

森永　この形態が世界最強の力を発揮したのが、吉田さんご指摘のバブルの時代です。アメリカのロックフェラーセンターを買ったり、ハワイの不動産を片っ端から買いましたね。

吉田　エンパイアステートビルまでがあのホテル・ニュージャパンの火災事故で名を馳せた横井英樹にこっそり買収されていた。ジャパン・アズ・ナンバーワンなんて言ってた時期でしたよね。だから私、時々いま不安になるのはね、中国が膨大な低賃金労働力で「世界の工場」にのし上がってきたでしょ。チャイナ・アズ・ナンバーワン時代が来るかも。来たらですよ、あの靖国神社の周りのビルや不動産は全部中国に買い占められるんじゃないかと(笑)。因果はめぐる糸車……なんですが、それにしても森永さん、あの八〇年代後半から九〇年代初頭に最強を誇った日本型経営がどうして崩壊してしまったんでしょう。

森永　それをどうぶち壊すかを、金融資本主義の人たちが考えて、日本銀行を仲間に取り込んだんだろうと私は思います。壊さないことには、日本で金もうけができないんですから。

吉田　金融資本主義の人たちって、具体的にはアメリカですか?

森永　そうだと思います。

バブル崩壊は日米の暗黙の協業

吉田　アメリカのどこが日銀を取り込んだんですか。

森永　それがよくわからないんですよ。日米の暗黙の協業だったんだろうなと。具体的な指揮命令系統があったわけではなくて、日銀のエリート行員だけでなく霞ヶ関の高級官僚も同時に動いているんです。彼らエリートはみんなアメリカに留学するんですよ。するとみんな洗脳されて帰ってきちゃうんです。そういう前提で聞いていただきたいのですが、リチャード・ヴェルナーというエコノミストが、バブル期の日本経済についてさまざまに書いています。学者たちは彼の著作をあまり評価しないんですが、代表的なものが『円の支配者』（草思社、二〇〇一年）で、そこにはバブルはわざと起こされたんだと書いています。

吉田　私も読みました。「バブルの創出も崩壊も日銀の『日本改造10年計画』の中に組み込まれていた」という日銀陰謀説ですよね。背景には大蔵省（当時）との権力抗争もある。おもしろかったんですけど、ホントかなぁーという思いもちょっとありまして。

森永　一般的な解説では、バブルは、宮沢内閣の時に、日銀が金融緩和策に出ているにもかかわらず、さらに間違えて大量の公共事業に打って出たので、財政金融同時緩和になって起きたと言われているんですけど、ヴェルナーは著書で、それは違うというんです。彼は、日銀の銀行に対する窓口指導に注目するんですね。これは一九七〇年代にはなくなったといわれているものですが、彼は残っていたんだと言うんですよ。

吉田　窓口指導ってどんなことするんですか。

森永　日銀が市中銀行に対して、総貸し出しの伸び率を枠としてはめるんです。あなたの銀行は、前年に比べて融資を八％まで増やします、と。私も窓口指導はなくなったと聞いていたので、ヴェルナーの本を読んで銀行の人に聞いて回ったんですよ。そしたら、バブル期にも残っていたというんです。構造的には役所の予算消化と同じなんです。役人は予算を使い残すと、翌年の予算を減らされるので、いらないものをバンバン買って使い切りますよね。銀行も同じで、日銀から融資を八％まで伸ばしていいと言われると、それを消化しなければならないんです。消化しないと、日銀から、必要ないのねと言われて、融資枠を減らされてしまいますから。

吉田　ああ、そうか。ヴェルナーが書いてましたよね。「日本の戦時経済の指導者たちは、ヒトラー政権のセントラル・バンカー、ヒャルマーク・シャハト総裁の影響を受け、信用創造を最強のメカニズムに変容させて全体支配を実現した」（『円の支配者』二五頁）とかなんとか。それが戦後も「窓口指導」の形をとって生き延び、日本の戦後経済成功の鍵になったとか。

森永　そういうのが当時の銀行の感性だったんですよ。あまり貸出先はなくても、とにかくお金を貸さなくてはならないというので、銀行はリゾート開発だとか、不動産投資をする企業や個人にがんがん貸し込んでゆく。日銀はそうなるだろうことはわかっていて、ものすごい貸し出し伸び率を銀行に窓口指導していたんですよ。わかっていてなぜそれをやったかというと、日本の土地本位制をぶっ壊す、ただ一つの方法だったからです。

土地の値段が下がると、土地本位制は有効に機能しなくなりますね。融資して担保を取っていても、担保価値が下がってしまえば、担保を処分しても、全部回収できなくなります。土地本位制の唯一最大の欠点がこれなんです。でも、そう簡単に土地の値段は下がらないんですよ。基本的には名目ＧＤＰに比例して上がっていきますから。

吉田　それを壊すために、まず地価を上げていったということなんですか。

森永　そうです。持ち上げられるだけ地価を持ち上げる。日銀が窓口指導で銀行にどんどん貸せと煽って、銀行もそれに乗っかっちゃうんです。乗った銀行も悪いんですけどね。それで九〇年までに地価を上げるだけ上げたんです。学者たちは、地価上昇について、日銀の金融引き締めの遅れだと指摘していますが、遅れたんじゃないと思います。遅らせたんだと思います。

吉田 わざと？

森永 そう。わざとです。土地の値段がピークになったときに、突然金融引き締めをするんです。公定歩合の引き上げを半年くらい一気にやって、総量規制とかいろいろな対策を打ち始めたので地価が下がり始めたんです。日銀はそのタイミングでいったん金融緩和に出ました。当時日銀は、適切に機動的弾力的に対処しましたと言ってるんですが、大部分の人が、金利しか見ていないからそういうことを言うんです。日銀の本当の金融政策というのは、資金供給量の調整なんですね。金融緩和に出た後、お金の供給量は一年間絞り続けられるわけです。知らない人にはそこが見えない。わざと、土地の値段が劇的に落ちていくように日銀はコントロールするわけですよ。その結果何が起きたかというと、地価が元の値段に戻るだけじゃなくて、さらにその下に突っ込んでいってしまった。

バブル期までの最強のビジネスモデルをもっていた企業の一つがダイエーです。日本最大の流通業でした。ダイエーがどのような経営戦略をとったかというと、駅前に土地を買って店舗を建設する。地価は上がりますよね。担保余力があるから、またお金が借りられるわけです。そのお金でまた駅前に土地を買って店を建てる。そうやって全国展開していったわけです。地価が下がらない限り、ダイエーを叩き潰すことは不可能なんですよ。土地は自社の所有だからものすごい資産価値がある。

吉田　バブルがはじけて、地価が大幅に下がったから、ダイエーが崩壊したというんですか。

森永　単純に言えばそうなります。地価が劇的に下がると、担保不足になります。ここで政府には二つのやり方があったと思うんです。ダイエーはずっと黒字経営だったんですよ。だからいずれ地価は戻るだろうから、今は担保が割れているけど、そのまま融資を続けなさいという金融政策をとることもできたんです。ところがそれをとらずに、担保割れしたからその分の追い証を入れろと。だけど、そんな巨額なキャッシュがあるわけないんですよ。それでダイエーは困って資産を切り売りして、どんどん小さくなっていったんです。

吉田　堤さんの西武〝王国〟も同じ時期に崩壊しましたよね。それも同じ構造なんですか。

森永　基本的にはそうです。日本型経営の代表的存在である中内潤を排除して、堤義明を排除して、ぜーんぶ排除して出てきたのが、新興の資本家というか、新しいハゲタカさんたちだったんです。

Ⅱ　無抵抗だった日本人

新自由主義の日本人協力者

吉田　大蔵省や通産省の官僚主導の日本型統制経済からアメリカ型の自由市場経済に転換するために、バブルはわざと起こされて、わざとつぶされた。そこには、日米のエリート層による暗黙の了解があったのではないかと森永さんは推測なさいましたね。それに関連したことなんですが、ヴェルナーの『円の支配者』を読んでいくと、こんな記述があったんです。気になったところなので、要訳しますと、フィリピンのエリートをアメリカの財閥系の研究所に呼んで、彼らの身分を保障して勉強させ、再びフィリピンに戻す。アメリカで教育を受けた彼らが国を変えていくという。もちろん、アメリカに都合のいい方向に〝改革〟していくんですが。アメリカに留学した日本のエリートもそうで、アメリカの支配階級の生活を見て、その暮らしぶりの差に圧倒されるというんですね。エリート官僚といっても、国家公務員ですから給料はたいしたことないわけです。それで日本における自分たちの処遇にすごく不満をもつ。俺たちだってもっと高額の報酬を得てもいいはずだと。それでアメリカ型の新自由主義者になっていくという。日銀のエリートも同じようにアメリカで勉強して、その成果が、内需拡大と市場開放を謳った一九八六年の「前川レポート」だったというんですね。

森永　中曽根さんの私的諮問機関、「国際協調のための経済構造調整研究会」の答申ですね。ここにははっきりと、市場原理を基調とした施策、グローバルな視点に立った施策の必要性が打ち出されていますね。

吉田　こうしたアメリカのやり方を読んでいて思い出したのが、米軍統治下の沖縄なんです。沖縄の知識人は米留（米国留学組）と日留（日本留学組）とに分かれるんですけど、米留は、アメリカの大学に留学して徹底的にアメリカ協力政策を叩き込まれ、沖縄に戻って支配層を占めるわけです。日留は日本の大学に留学して、沖縄に戻ったら学校の教員などになるんです。いわばサブ支配層で、彼らが中心になって沖縄復帰運動を担っていく。

何が言いたいのかというと、アメリカは、他国のエリートを留学などを通して、アメリカの国益にかなう協力者（コラボレーター）として仕立て上げ、それぞれの母国に戻らせて、買弁政権をつくるということを歴史的にやっているのではないか、ということなんです。たとえば、イギリスの帝国史家R・ロビンソンは協力者の範疇に幕末・維新期の「近代化志向のサムライ」（modernizing samurai）までも含めているんですね。その点からすれば、黒船に密航してアメリカ文明を学ぼうとしたあの吉田松陰なんかも単なる皇国史観の愛国者ではない。コラボレーターとしての側面から再評価が必要になってくる（笑）。それと、太平洋戦争のときの軍人。真珠湾攻撃を指揮した連合艦隊長官の山本五十六、終戦工作に精力的に動いた井上成美、米内光将は海軍左派三羽ガラスなんて呼ばれましたが、彼らは実はアメリカ通の近代主義者なんです。硫黄島守備隊司令だった、陸軍の栗林忠道中将（最終階級・大将）もそう。戦前、アメリカ中を車で旅してまわって、アメリカの底力をよく知っていたんです。対米開戦にも批判的だったといいます。だから、玉砕必至の硫黄島守備隊司令にされたという説もあるほどです。彼らはアメリカのコラボレーターの要素を持っていたのではないかと思うんです。戦後でいえば、吉田茂であり、岸信介。アメリカは近代に入って、日本との間でずっとコラボレーターづくりをやってきたのではないでしょうか。これは『帝国の終焉とアメリカ』（渡辺昭一、山川出版社、二〇〇六年）をヒントに私なりに考えたことなんですけど。ヴェルナーが描いてみせた『円の支配者』の構造が事実とするなら、前川レポートも含め、日銀エリートの権力志向と、アメリカのコラボレーターづくりの歴史がうまくかみ合ってバブルは起こされ、つぶされ、その後のアメリカ型資本主義への転換＝自由貿易や規制緩和など国内の構造改革につながっていったんではないかと思うんです。

森永　吉田さんらしいスケールの視点ですね。

吉田　それから、イギリス新古典派の祖、アルフレッド・マーシャルっていう人がいますよね。「自由貿易」を提唱した人です。ヴィクトリア王朝後期で英国は繁栄の絶頂期にありながら、その一方で大量生産技術分野を開発したアメリカ・ドイツの経済的脅威が決定的となった時代で、マーシャルの課題はイギリス経済の対外的競争力をどうして回復させるかにあったと言われています。で、その自由貿易を主張したきっかけは何だったかというと、彼が一八七五年にアメリカを旅行した時に、米国の活気に満ちた生産力の向上に驚くわけです。イギリスをしのぐようになっていると。なぜ、アメリカがそこまで成長可能だったかというと、アメリカが保護貿易政策をとっていて、イギリスもそれを許していた。なぜなら、アメリカはイギリスの植民地だったから、産業を育てなければイギリスに利益が還流してこない。しかし、このままアメリカに保護貿易を許していたら、アメリカ自体の産業も技術革新を怠り、競争力を失って、最後は堕落してしまうだろう。イギリスも同じことがいえる。アメリカに対抗するためには、イギリス自身も保護主義をやめ、自由貿易で国際競争力を強化する以外にない。いわゆる「痛みを伴う構造改革」をイギリスがやらねば、アメリカに負けると感じた、というんですね。ここが自由貿易とレッセフェールの新古典派が生まれてくるポイントだと思うんですけれども、一九六〇年代から七〇年代の日本とアメリカの関係を見たときに、同じことがいえるのではないかと思うんです。

森永　日本は高度経済成長からオイルショックをしのいで、安定成長に入ったころですよね。一方のアメリカは経済的にも社会的にも停滞していましたね。

吉田　そう。日本はアメリカが保護貿易を認めてくれたおかげでぐんぐん経済成長できたわけでしょ。日本製の工業製品をアメリカはどんどん買ってくれたし、東南アジアの市場も譲ってくれて、戦後日本を育ててきたわけですよ。いわば戦時統制経済方式の日本型資本主義を黙認してきた。もちろん、そこにはソ連や中国を睨んで、日本を反共の砦とする狙いもあったわけですが。しかし、アメリカの経済的、社会的停滞が深刻なものになって、日本の保護貿易政策を認めることに限界がきた。技術大国で伸びていくのを見過ごせなくなったのではないか。かつてマーシャルがアメリカの成長ぶりを見て危機感を抱きましたが、こんどはアメリカが、日本の成長ぶりを目の当たりにして自由貿易に転換させるべきだと、方針転換したのではないでしょうか。ジャパン・アズ・ナンバーワンは終わりにしようと。折しもソ連邦の凋落は隠しようもなくなっていて、アメリカのコラボレーター政策が、新自由主義的な考えをもった日本人協力者をつくるという方向に向いたのではないかと思うんです。アメリカから見ると、日本を許しておくことはできないと。

森永　そうそう。許しておけないんです。バブル期にロックフェラーセンターは買われ、ハワイのペブルビーチゴルフ場は買われ、ハワイのホテルが全部日本人オーナーになっていく。どうやってこれを叩き潰すかっていうのが、吉田さんのおっしゃったことの動機だったと思うんです。バブル崩壊後の金融、財政政策で、公共事業の拡大や減税は適切なものでした。しかし、その裏側で日銀は、金利は下げたんだけれども、資金を絞って、景気が立ち直らないようにしたんです。

そんななかで、構造改革派の人たちが何を言ったかというと、金融政策でゼロ金利までやっても景気は回復しないじゃないか。公共事業をやっても、一〇〇兆円の大型経済対策をやってもだめじゃないか。だから後は、産業を統制していた規制を緩和し、外資を参入させる構造改革しかないんだというのが、国民を説得するポイントになったんです。

吉田　それを推進した人間の名前をあげるならば、小泉元首相と竹中平蔵さんが象徴的存在だということになりますよね。竹中さんはハーバード大学に留学してるでしょ。九〇年代にはコロンビア大学の先生になって、アメリカに移住していますよね。それでいて小泉内閣で金融相を務めた。この人もコラボレーターといってもいいんじゃないですか。

森永　そういって差しつかえないと思いますよ。郵政民営化なんて、早い話が国民の貯えを含め、国家の財産を、二束三文でアメリカに売り飛ばすという話なんですから。ＵＦＪ銀行に対して竹中平蔵がやったことだってそうです。ＵＦＪ本体に対しても、不良債権処理という名の乗っ取りをやったわけです。ＵＦＪが赤字決算になって、三井住友銀行と三菱東京銀行で取り合いになりましたね。最終的には三菱東京と合併しましたが。そもそもＵＦＪが赤字だなんて誰も信じてはいませんでした。あれは竹中平蔵が逆粉飾決算をやらせたわけですね。利益を本来よりすごく小さくする。金融庁の役人が監査に乗り込んでいって、あれもこれも不良債権だといえば、ものすごい赤字が出るわけじゃないですか。そのなによりの証拠が三菱東京と合併した後、戻り益という不良債権を再評価するプロセスがあるんですけど、最初の中間決算で戻り益が六〇〇〇億円。その次、二〇〇〇億、その後八〇〇〇億。まだ残りもありますから、一兆円くらいの逆粉飾決算をやらされたわけですよ。一兆円利益を減らされたら、企業は立ちいかないわけで、ＵＦＪがもっていた融資先のおいしいところを全部切り離して、産業再生機構に送って解体し、二束三文でハゲタカファンドに食わせちゃうという。これに群がったのは、外資だけでなく、内資もでしたが。

恋愛格差の拡大

吉田　こういう世界が成立してしまうというのは、ファンド金融資本主義が世界の実物経済の主導権までも握ったということですか。

森永　非常に不愉快ですが、そう認めざるを得ませんね。統制をやめて自由競争にしたらどんなことが起こったか。身近なところでお話しましょう。典型はタクシー業界なんですよ。かつてはタクシー会社ごとに所有していいタクシーの台数って決まっていたんです。バブルの頃、稼いでいた運転手さんは、年収一〇〇〇万円を超えていました。ところが今は、年収四〇〇万円切ってしまうくらい下がっています。東京でそのくらいなんですけど、昨年、鹿児島に講演に行った時にものすごくショックを受けたんです。空港からタクシーに乗って、講演会場に向かったんですが、料金が六〇〇〇円くらいだったんです。降りる時に、「お客さん、帰りもタクシーですか」と聞かれたから、そうですよ、って答えたんです。そしたら、

「待っててもいいですか」って聞くんです。でも二、三時間かかりますよ、そんなに待っていたら商売にならないんじゃないですかと言ったら、「いえ全然構いません」と。なぜかって聞いたら、「昨日は売り上げが二五〇〇円でした」と言うんです。売り上げの半分を会社に取られたとして日給一二五〇円。最悪ですよね。でも、会社自体は儲かっているんです。規制がなくなって所有台数が自由化されて、タクシーの台数をバンバン増やしてますから、一台当たりの売り上げは減っても、数で稼げるんです。その陰で運転手さんは泣いてますよ。統制経済を自由競争に変えたら、みんな幸せになると喧伝されていましたが、ろくなことが起こらなかったんですね。タクシー業界の話はその一例です。

吉田　少し水を差すようなことを言いますが、たとえば、ホリエモン的な、何もないところからのしあがって巨万の富を築く、そんな新自由主義的なもの、つまり、個人の能力で未来を切り拓いていく、個人を原点にしてものを考えていくということは、バブル崩壊後、一定程度、説得力を持ったと思うんですよ。というのは、これまで集団主義でやってきたわけでしょ。自民党はムラ政治だし、会社に忠誠誓えばマンション買えて、女房子供を養えるくらいの保証はしてくれた。会社共同体が成立していたんです。スローガンとしては個性を大事になんて言ってましたが、実態は集団主義で息もつけない。そんな中で、子供たちのひきこもりだとか、不登校だとか、いじめだとか、集団主義がもたらした歪みがいっぱいでてくる。しかも、バブル崩壊後、リストラの嵐が吹き荒れ、終身雇用が崩れましたよね。いままでサラリーマンが身をゆだねてきた会社共同体が揺らぎ始めたわけです。集団主義がここにきて挫折してしまった。バブル崩壊後の日本人に個とは何かという無意識の問いがあったのではないでしょうか。しかし、日本の近代は、個を生み出す素地を作ってこなかったことが問題だと思うんです。

森永　そう、その素地がなかったところに、個についての勘違いしてしまう余地ができたんでしょうね。どういうことかというと、構造改革で謳われた、個の尊重の意味を取り違えてしまった。規制緩和で、すべて自由にしたら、みんなが個性を発揮して、やりがいのある、もっと自由な国が作れると思い込んでしまったんですよ。ところが現れたのは、個イコール自己責任だと単純化された弱肉強食の社会。公団住宅の2LDKに夫婦と子供二人みたいな小市民的な生活の基盤があっての個だったと思うんです。そこがバブル崩壊後も保証されていれば、ゆっくり考えるだけの時間もゆとりもあったはずなんです。ところがその基盤を急激な〝構造改革〟によって、奪われてしまった。いまや労働人口の三分の一が、非正社員になってしまって、年収一二〇万円で生きていくと、何の余裕もないわけですよ。生死の境をさまようような乞食のような生活になってしまう。それでいま、何が起きているかというと、三〇代後半の男性の過半数が結婚できない世の中になっちゃった。だから子供もできない。少子化になる。持続性のある社会がぶっ壊れちゃったんですね。これは個の確立以前の問題なんです。批判を承知で言いますと、所得格差だけではなく、恋愛とかセックスの格差がものすごく大きくなって、一部のイケメンと金持ちだけが大量の女性を支配するんですよ。とんでもない。

吉田　それ、どんなデータに基づいているんですか（笑）。

森永　もてるヤツの携帯電話みて下さい。女の子の連絡先が何百件も入っています。私は疎外されたアキバ系の若者たちと付き合っているんですが、ものすごいですよ、彼らの絶望感。もうね、いくら努力しても人間の女性と付き合えないとあきらめていて、二次元のアニメキャラクターでいいんじゃないかという、一種の解脱の境地にいます。彼らは本当は人間がいいんですよ。言わないけれど。心の中では人間のおねえちゃんと付き合いたいなと思っているんですけど、金がないやつは付き合ってもらえないんですよ。見た目がすごく良ければ別ですけれども。女の子にもてるもてないは、金がかなり支配するようになっていて、金があるヤツは規則的な生活ができてダイエットができるんですね。スポーツジムとかフィットネスクラブとかいって体鍛えて、きれいなおべべきて。それとですよ、金がなくて、いつもくちゃくちゃのシャツ着て、チノパンはいて、髪の毛ぼさぼさで汚い紙袋もっている。どっちがいいかといったら、答えは明白じゃないですか。六本木ヒルズの合コンにみんな押しかけて、片っ端から食っていくという、誰だったかな、勝ち組なんだけど、品性のすごく低いヤツ、日本の一夫一婦制は廃止すべきだと。僕らのような有能な人間がたくさん遺伝子を残した方が日本は良くなるんだって言う。てめえら、金を右から左に動かしているだけで何の文化も創っていない。私すごくむかつくんですよ。やつらは音楽の話、文学の話、いま話しているような経済の歴史についての話なんかしないんですよ。金と女の話だけ。そんなやつらが、日本の支配者になっているというのが私はとても気に入らないんです。

団塊世代の集団主義が歪みを育てた

吉田　気に入らないのは私も同じですよ。でも、その土壌を作ったのは団塊世代じゃないですか。つまり団塊世代の集団主義こそが、いま話してきたような歪みや、崩壊の芽を育ててきたわけですから。

森永　そうなんですよ。団塊の世代がもっと楽しそうに人生を送っていたら、下の世代もあれでいいんだと思ったはずなんです。

吉田　団塊世代は戦後の経済復興と共に成長し、みんな飯が食えるくらいには豊かになったころに、青年期を迎えますよね。ようやく、個人の自由とはなんなのかだとか、西洋的「個」と東洋の「個」はどう違うのかとか、そういう、明治大正近代の文学者が抱え込んでいたような問題を解決する土壌ができつつあったわけですよ。世界に向かって突き抜けてゆく日本人の「個」の自由。それがゲバ棒持って、国家や権威に反抗した団塊世代の課題だったわけですよ。でも、それ全部チャラにして、潮が引くように、みんな頭丸めて企業戦士になっちゃった。そこが分かれ目だった気がするんです。

日本型資本主義というのは、確かに談合やヤクザ暴力団との癒着とか官僚腐敗、公共事業のバラマキ予算とか道路族の国会支配とか、さまざまな暗黒・弱点・矛盾を抱え込んでいた。しかし、それはいま森永さんがおっしゃった「小市民的な生活の基盤があっての個」を作ったんじゃないですか。そこがまず一番大事なことなんです。〝飢えのない平等社会〟、それが大事なんです。それをともあれ日本型資本主義は「総中流サラリーマン社会」の形で達成した。だから団塊や全共闘世代のテーマは、大学解体闘争の挫折ぐらいで終わっちゃいけなかったんです。だってその〝飢えのない社会〟を作るため、日清・日露・日中・大東亜聖戦と何百万もの農民兵士が死に、何千万ものアジアの民を殺したんです。死霊と犠牲者の山が七〇～八〇年代日本の総中流社会を見つめていたんです。われわれを含め、団塊、全共闘世代は、さらに戦い続けねばならなかったんです。日本型資本主義の内部悪、内部の不平等、官僚支配、利権屋たちへの〈民主化闘争〉＝市民の自由のための内部闘争へと発展させねばならなかった。それを日和ったんです、団塊は。会社の中では集団主義の従順な企業兵士となり、私生活の中だけで「個の自由」を主張した。ダブルスタンダードです。だからこそ、アメリカ型資本主義の「民主化」要求＝痛みを伴う構造改革路線と戦えなかったんです。どう思いますか。

森永　小泉首相を圧倒的に支持した層は二つあって、ひとつが二〇代の、いわゆる負け組ですね。低所得層のやけっぱちで一か八かの一発逆転にしか未来を見いだせないって思っている層。もうひとつが団塊世代なんです。小泉構造改革を支持することで、自分たちも勝ち組に残ろうとした。団塊世代には、経済的のみならず、いまおっしゃった意味での自分とは何かを省みるだけの、いい土壌があったんですよ。その土壌に根を張って、何千万とか、何億円とか金なんか儲けなくても、平凡なサラリーマンでも、こんなに楽しくて幸せになれるんですよ、というモデルをつくらなければならなかった。それができていれば、下の世代は未来に希望を持てたんだと思いますよ。しかし、なんだか知らないけれど、団塊世代には暗くなったヤツがたくさんいて、あんまりクリエイティブじゃなかったんです。

吉田　あんまりどころか、ぜんぜんクリエイティブじゃない。サラリーマンとして経済戦争の尖兵になった人間のみならず、あの時代をリードした官僚もみんな団塊世代でしょ。彼らは大学闘争以後、人生として何を成就しようとしたのか。まさに組織に全部預けちゃったような、会社・組織共同体に取り込まれていけば、何とか生きていけると。

森永　そこにもうひとつね、団塊の世代がいけなかったのは、戦後の焼け跡と重なっているじゃないですか。その中でアメリカのテレビドラマが次々と放映されて、アメリカからいろいろな物資が次々と入ってきて、豊かさの象徴って、彼らにとってはアメリカだったんですよ。だから妙なアメリカコンプレックスがあって、アメリカ大好きなんですよ。アイビールックとか。アメ車への憧れとか。だから、アメリカから金融資本主義が入ってきたとき無抵抗だったんだと思うんです。思考停止していたというか。ああ、やっぱりこれなんだと安易に思っちゃったと思います。まったく批判的にとらえていなかった。

吉田　だんだん話が右翼的になってくるんですが、明治、大正までは西欧文化を吸収するときに、批評性をちゃんともっていたわけですけれども、戦後の日本文化ってほとんど欧米に対する批評性を失っているでしょ。批評することとイコール右翼という感じでしたからね。だから、戦後の敗戦の精神的土壌がそのまま続いているんだろうという気がしますけれど。

森永　ラフカディオ・ハーンの本を読むと、彼は明治時代にも同じことが起こったと書いているんですよ。江戸の素晴らしい文化があって、道ばたのお地蔵さん一つひとつが優しい微笑みを湛えている。江戸城の城門は素晴らしい文化財なのに、それを片っ端から壊していっちゃう。その代わりにみんなが西欧文化に熱中している、なんてもったいないことをするんだとラフカディオ・ハーンは嘆くんです。今よりも批判精神はあったのかもしれないけれど、アメリカには、明治維新と今回と二回やられて、まあ終戦直後も一回やられていると思いますが、波状攻撃で今回、完全にぶっ壊されて乗っ取られたというか、文化を破壊されたと思うんです。

下層の絶望感の向かうところ

吉田　欧米の価値観に対するわれわれの批評性のなさに関連して思い出したことがあります。以前、森永さんとお話したときに、アジアからの移民の問題で対立したんですよね。僕は移民を自由化すべきだという立場。森永さんは絶対にすべきではないという立場でしたよね。人種差別しか生まないから、というのがその理由だったように思います。八〇年代バブルから外国人労働者問題ってありましたよね。あの時も日本人の世界への対処の仕方、失敗したと思うんですよ。アジアや中近東からの労働者に対しては批評精神どころか、日本人の目には映らなかったのではないか。おっしゃるように外国人差別しか生まなかったし、中国系マフィアみたいな強盗の構造しか生まなかった。

外国人はすぐそばにいるんだけれど、いないようにしか扱わなかったわけでしょ。見えないことにして、下層労働者、ワーキングプアにしておいたわけですよ。彼らは、日本で辛抱して働けば、仕送りしたお金で国には家が建った。とはいえ、日本における彼らの貧困、その上にわれわれ日本人のバブル経済が成り立っていたんですよ。結局、外国人労働者の問題を通して見えるグローバルな構造っていったい何なのか。それは経済であり、文化なんだと思うんです。日本の場合は、日本人だけの会社共同体としてだけ成立させて、外国人労働者は完全な他者として不可視な存在にして、社会の外に放置する。全くつき合わない。使うだけ使う、バブル終わったらみんな出て行けみたいな。機動隊まで使って排除する。

森永　私はそんなのきらいなんですよ。外国人が日本で暮らすこと自体はなんてことありません。ただ、差別の対象として、労働力として、単なる道具として外国人を入れるという思想が、私は大嫌いなんです。

吉田　だから、あのとき、日本人の良心的な魂は外国人労働者ではなくて、ロボットの鉄腕アトムだったらよかったと思ったでしょう。日本人の若者は3K（つらい、きつい、きたない）労働を拒否して、下層の底辺労働を荷うものは中近東やアジアの農村、中南米の若者たちだったという〈帝国主義〉的な日本の経済構造に対して、罪悪感がわかないから。つまり、外国人労働者を、〈目に見えないもの〉として扱った。その存在を、いないことにして使っていたのを知っているわけです。そこに日本の繁栄が成り立っているのを知っている。だからピンハネや賃金未払いのポイ捨て労働も、彼らの貧困も矛盾も正視しないわけです。ある種の〝奴隷制〟のようなものだから、労働組合も全然支援しないんですね。「俺たちの職場が奪われる」と排除要求する。そこで機動隊が失業した外国人浮浪者に襲いかかるって有様でした。しかし、因果はめぐる糸車、というヤツで、この時期に形成されたピンハネ・ポイ捨て下層労働の形が地下水脈として流れ続けていて、それがいま、すごい勢いでばあっと表に出てきて、日本人自身の労働を押しつぶしてしまっていると思うんですよね。ワーキングプア的な、人間扱いされない、いつでも雇用調整できるような使い捨ての駒でいいんだと。つまり、外国人労働者に対してわれわれが強いてきた奴隷労働の世界が、そのまま現在の派遣労働の世界にすり替わっているような気がするんです。

森永　その通りですよ。ネットカフェ難民が最先端なわけですよ。

吉田　ネットカフェが、かつてのタコ部屋になっているわけでしょ。

森永　でも、いまの新自由主義の人たちは、ネットカフェで寝泊まりしていようが、若年ホームレスになろうが、ぜんぜん痛くもかゆくもないんです。自分の手足となる人間、労働力が欲しいだけなんです。

吉田　なぜ、痛まないの？

森永　新古典派のモデルがそうなっているから。新古典派経済学の生産はどんな図式になっているかというと、労働と資本という道具があって、そこに経営者がいて、自分の頭と金で労働と資本を買ってくるんですよ。それを組み合わせると付加価値が生まれる。これが新古典派経済学の基本構造なんです。

吉田　人間は、考慮されていないんですか？

森永　労働力がそれです。ここはすごく大きな差で、いままでの企業というのは従業員は鈴木さん田中さんだったり、佐藤さんだったり。〝人間〟だったんです。でも、新自由主義の人たちには、鈴木さん、田中さん、佐藤さんは、労働力A、労働力B、労働力Cなんです。

彼らと話していると、そんなひどいことやると従業員みんな辞めますよと言うと、いいだろう、辞めたきゃ辞めろ、またマーケットから取ってきて補充すりゃいいんだと。いくらだって代替可能だと考えているんです。この思想っていままでの日本の経営者と全然違うんですね。いままでの経営者は内部登用だったこともあって、仲間なんです。同じ何とか会社の船に乗っているクルーなんです。ところがいまの新しい考えを持つ人は泣こうが、騒ごうが、叫ぼうが、関係ないんです。労働力というサービスを、会社は金で買っているだけなんです。

吉田　人間として映ってないんだ。

森永　恐ろしいのは、そうやって下層に押しやられた側の絶望感の向かいどころなんです。彼女もできないし、このまま働いていても雇用は安定しないし、もうこうなったら、戦争しかない。自分だけこんな苦しい生活しているのは嫌だと。赤木智弘さんというフリーターの人が本を出したんです（赤木智弘「丸山真男をひっぱたきたい」月刊『論座』朝日新聞社、二〇〇七年一月号、『若者を見殺しにする国』双風舎、二〇〇七年）。こんな世の中で〝平和〟が続いていくくらいなら、戦争になってみんなを巻き込んだ方がましだと。自暴自棄になっている。いま、タカ派が圧倒的に負け組の中で増えていますよね。新自由主義が支配する世の中とは、自分のことしか考えない社会だと思うんです。みんなが自分のことしか考えなくなる中で、自分だけが下のクラスになると、愛情なんて持っていられないんですよ。衣食足りて礼節を知るじゃないですけど、他者に対するやさしさや愛を持とうと思ったら、それなりの健康で文化的な日々を過ごせるだけの最低限の生活が確保されていなければならないと思うんですよ。だからやけっぱちばかりになってしまうんですよ。

一度すごい事件が起こったんです。『テレビタックル』（テレビ朝日系）で私が戦争反対って言ったら、ほかの出演者から、ならずもの国家が攻めてくるんだから、おまえみたいな平和主義なんて間抜けな夢物語だ。ふざけんじゃねえぞ、外国から攻められたら、殺されちゃうんだぞ、と言われたので、僕は人を殺しにいくくらいなら、殺された方がましですと言ったら、家のファクスから会社のファクスから事務所のファクスから、電話から、メールからもう数えきれない。何千ですよ。罵詈雑言が。私は何も極端なことを言っているんじゃないんです。昔、小学校で習ったことを言っているだけで、日本は太平洋戦争で何百万人を超える人を亡くして、あれだけひどい目に遭って、もう二度と暴力で物事を解決するのはやめましょうということを言っているだけなのに、今では平和ボケかつ、極論、左翼、非現実主義者、現実を見ない大ばか者ということになった。上の方は上の方で自分たちは関係ないと思っています。自分たちは戦争に行かないと思っていますから。戦争のビジネスで儲けるんですけど。下の方は下の方でやけっぱちでいてまえと。

吉田　戦争願望というのは、戦争を通して貧しさから抜けられるということ？　波乱願望ですか？

森永　波乱願望もあるでしょうが、一番大きなニーズは自分がこんなに苦しいんだからまわりもぜんぶやっちまえという。破滅願望ですかね。

吉田　自分抜きで、日常が進んでいる。それに対する憎悪として、日常が壊れることだけを言っているんですね。それが戦争だと。

パチンコ型社会

森永　そうそう。二〇〇五年四月に、上海の日本総領事館に石を投げるデモが起きましたよね。私、あのデモ隊の横にいたんですよ。でも、日本で報道されているのはまったくの嘘で、あの大部分は地方出身の学生だったんです。彼らがなんであのような行動に出たかというと、中国共産党政権に対するものすごい不満の表明なんですよ。上海っていうのは、ある意味で弱肉強食社会で、金さえ出せば、楽しいことがいっぱいある街なんです。ところが彼らの親の月給は一万円以下なんです。目の前ですごく楽しい世界があるのに、自分たちはなんら楽しい世界を享受できない。でもああいう国だから露骨に政府批判すると、捕まっちゃうわけですよ。だけど、愛国心を前面に出して暴れれば捕まらない。別に日本人嫌いでもなんでもないんですよ。そこに、日本の下層に追いやられた若者たちの不満や絶望感に通じるものがあると感じたんです。

吉田　その〝愛国無罪〟反日デモがあって、小泉首相が靖国神社参拝をして、中国が猛反発をした。そして小泉の郵政民営化の是非を問う選挙があって、自民党が圧勝しましたね。若者がものすごく小泉を支持して、その後の多数派自民党を作ったといわれているでしょ。若者が支持したというのが、僕はものすごく卑怯だと思っているんです。中国の若者が反日デモで投石したことにタイマンはるんだったら、若いやつらも街頭に出て反中国デモやって、ガラスでも割ればいい。これがケンカのやり方でしょう。それを小泉自民党に一票入れることで表現しちゃう。アジアにおける日本の地位低下の不満について、小泉に一票入れることで表現するのはフェアじゃないという気がするんです。

森永　いまはそんな元気ないんですよ。堺屋太一さんが安倍政権を評して、ベルサイユ化だ、と言っていたんですが、パリを離れてベルサイユに宮殿を造って庶民と全然関係ないところで好き勝手やってる。それと同じで、庶民からかけ離れたところでお友達内閣作って政治をやっていると。私、思うんですけどね、すでに小泉政権の時から、そうだったのではないかと。フランスでルイ一六世とマリー・アントワネットの時代に、王侯貴族がベルサイユ宮殿で好き勝手やっていたから庶民は飯が食えなくなるわけですよ。金持ちのためだけの政治をやって。事実かどうか知りませんよ。池田理代子さんの漫画、『ベルサイユのばら』にはどう描いてあるかというと、食えなくなった庶民が、おれたちにもパンをよこせ、とベルサイユ宮殿に押しかけるわけです。そしたらマリー・アントワネットがパンがないならケーキをお食べと言う。ふざけるんじゃないという怒りの民衆の前に、マリー・アントワネットがでてきて、スカートをひゅっと広げて挨拶すると、庶民はおーっとなっちゃう。

これと同じことが郵政民営化です。だって郵政民営化なんて百害あって一利ないわけですよ。国民の資産を二束三文でアメリカに売り飛ばすという話なんですから。ところが庶民って、構造改革だ、反対するヤツは抵抗勢力だ！　と叫ぶ小泉さんに、おーっ！　となっちゃう。貧乏人は貧乏人をみたくないんですよ。悲しいことに。『日刊ゲンダイ』の編集長をやっていた二木啓孝さんが、いまの世の中を、パチンコ型社会だと言うんですよ。パチンコに毎日通ったら、負けることはみんな知っているんですけど、立場が弱くて、金があまりなくても、一発あたったら五万、一〇万になると思ったら、庶民はパチンコに行っちゃうんですよ。博打やめてみんな地道に働こうねというのは受けないんですね。一〇回に一回、一〇〇回に一回しか大もうけできなくても、一発大もうけできた方がいいと思っちゃう。小泉の巧みなところは一発大もうけできる人、ホリエモンみたいな人がたくさんでてくると幻想で思わせちゃった。本当はそんなことはないんですよ。嫌われるの承知で敢えて言うと、そこらの庶民がＩＴ長者として成功したヤツの中にいるかというと、いないんですよ。みんな東大学出ていたり、一橋大学出ているような頭のいいヤツが悪いことをして巨万の富を得られるわけで。相当頭が良くて、悪くないと。実際に会ってみてわかったんですが、ホリエモンは性格は悪いけど、頭はいいんです。相当いいですよ。まあそうやって、小泉から痛みに耐えろと言われて痛みに耐えたら、なんかいいことがあるふうに見えちゃったんです。でも痛みに耐えろと言うのは、死ぬまで痛みに耐えていろというメッセージだったことに国民の大部分は気付かなかったんです。

ヤクザ資本主義の経済界

吉田　それが安倍政権までつくっちゃって。そのニートやワーキングプアの労働について、僕の見方があるので聞いてほしいんです。僕は経団連会長の御手洗冨士夫のやり方についてはものすごく腹が立っているんですよ。会長職にあるキヤノンで派遣労働、偽装請負が発覚したら、法律のほうが悪いから、法改正しろというやり方、ふざけんなというか。資本主義の面目すらないという気がしていて。というのはさっき、戦前戦後の経済体制の連続性について話をしましたけれども、戦前と戦後ではイメージの違い、いわば仮面のつけ方が違うってこともあるんですね。たとえば戦前は日本が軍国主義化していき、自らを武士道国家というふうに表現していましたよね。武士道精神でアングロサクソン資本主義に対して批評性をもつ、そしてアジアを欧米帝国主義の植民地化から守るなり、解放するために、武士道という古くさい理念を持ってきた。ただし、古くさいと言っても、新渡戸稲造が創《つく》った、ヨーロッパ伝統の「花咲ける騎士道」の価値観に対抗可能な品格を持った東洋的な近代精神ですよ。決して、古来の武士道ではないわけですよね。国民国家を護る軍隊としての武士道。国家主義的な武士道、いわば、〈国家武士道〉が支配していたわけです。戦前近代、明治・大正・昭和の前半は経済面でも武士道資本主義だといえるんです。それが戦争に負けて、軍隊としては解体されてしまいます。では戦後、武士道的なものもあわせて解体されたかといえば、経済的には戦時統制経済が温存され、相変わらず、武士道的な世界が続くわけですよ。

だけど、戦後の武士道資本主義は変質する。つまり、価値の中心が、国家ではなくて、会社共同体に移行する。会社が家臣団を組織するわけです。敗戦で天皇は閉門蟄居のような状態にされて、天皇の家臣団は崩壊したわけですから。つまり、王様のいない家臣団だけの世界になるわけですよね。するとこの家臣団が昔の銀行を軸にしながら系列を生み出し、会社共同体をつくって、家臣団を再編していくわけですよね。そうすると、この家臣団は会社中心主義なんです。会社に忠誠を誓う。会社を護るということが第一。これは戦前の国家主義的な武士道と違って、中世封建的な武士道なんです。鎌倉時代を考えればよくわかるように、一族郎党のために命をかけて奉公し、本領を安堵される。御恩と奉公の関係ですよ。一族郎党を養ってくれるお殿様が一切だった。戦後の会社共同体というのは、さぶらひ＝主君にお仕え申し上げるという意味合いでの〈侍武士道〉だったと思うんです。

だから戦前の国家武士道から、戦後の中世的侍武士道へと日本の資本主義が変質しながら、バブル経済という形で頂点を迎える。しかし武士道資本主義は、バブル崩壊、ソ連邦崩壊で、ご破算になりますね。それで現在の、中国の安い人件費に対抗するために、日本の資本主義がとるべき道はなにかといったときに、派遣労働の対象業種をどんどん広げて人件費を安く抑えるしかないという形で起きている、御手洗資本主義なんです。この本質は一体何なのかというと、偽装労働のピンはねでしょ。あるいはネットカフェの〈タコ部屋〉労働。これは〈ヤクザ資本主義〉としか言いようがないんです。

森永　ピンハネしている感覚さえないと思う。労働者は道具に過ぎないので。

吉田　まあ、聞いてください。江戸時代に、幕府の土木工事を旗本や大名が仰せつかるわけでしょ。そうすると、それをこなさなきゃならないから、大名家では、労働者を最初、常時雇っていました。しかしそれをやっていたら、出費が大変で、それを肩代わりする派遣業が発生してくるわけです。その派遣業が、大名屋敷や旗本から請負を任される。その元締めの親分と子分、これがヤクザの始まりなんですよ。ヤクザが適当にタコ部屋で労働者を食わせておいて、ピンハネをする。そう考えると、偽装請負はそのまま江戸時代なんですよね。ヤクザの発生源みたいなものになっちゃった。そうすると、日本の資本主義というのは、武士道を二代重ねてきて、立派な身分をもっていたわけでしょ、それなりに。ところがいまはヤクザにまで成り下がっているという。そういうことについては、おっしゃったように、経団連なり、日本の資本主義は、そういう自分たちの姿を省みるようなことをしてないわけでしょ。

世界的な階級分裂

森永　いや、わかっていてわざとやっているんだと思いますよ。

吉田　だとすれば、いま世界資本主義が海賊化しているのと同じように、日本もヤクザ化しているると。いま現れている資本主義って、いったい何なんですか。

森永　早い話が自分たちが儲かればいいということなんですよ。だから、いまのいわゆる勝ち組の人が考えているのは、自分たちだけよくなればいいと思っている。働いている人たちは道具だから安く使えればいい。だから請負で使うというのはまさにそれなんですよ。ひとりひとりの働く人の生活や福祉をどうこうしようなんて思っていない。彼らが生み出す労働、サービスだけを買って、必要なくなったら切るというのをしたい。

吉田　そうすると、世界も日本も泥棒資本主義というか、海賊であったり、ヤクザであったり、それが目指すものは何かというと、金の増殖であったり、利殖というか、とにかく金を増やしていくことですね。ただそれだけが目的ですね。

森永　はい、それが最大の目的です。ざっくりいうと、あの景気回復の五年間で、株主が企業から受け取る配当が三倍になっています。大企業の役員の報酬は二倍になったんです。五年で所得倍増ですよ。そのかわりにサラリーマンの年収は落ちていく。正社員も悲惨なんです。なのに、みんなサービス残業で終電近くまで働かされて。青白い顔をしてふらふらになってる。クビになったら非正社員で年収一〇〇万円台の世界が待っているとなったら、必死になってタダ働きせざるをえないわけです。実はそれと同じような構造が、かつてありました。明治時代の女工哀史の世界ですよ。女工さんは年間三〇〇〇時間働いていたといいます。イギリスの産業革命のときの労働者は五〇〇〇時間働いていたというんですね。教科書で見たんですけど、工場のラインの労働者の椅子の脚は二本しかなくて不安定なんですね。三本あると安定して寝ちゃうから。そうやって五〇〇〇時間働かせたというのが資本主義なんですよ。実は、いまいっぱいいるんですよ。五〇〇〇時間働いている人。表に出てきませんが。金融機関の人だって、例外じゃありません。地獄の底まで働かされているのは。

吉田　だから、一七〜一九世紀の東インド会社などの海賊資本主義はモノづくりや社会インフラに金をつぎ込んだという点で、二一世紀の金融資本主義とは違うとおっしゃいましたが、やっぱり金を儲ける収奪構造は先祖帰りしているということですよね。欲望むき出しの資本主義。一握りの資本家と搾取される労働者。ワーキングプアが問題だとかなんとか言ってますけど、もっと大きな世界的な階級分裂がふたたび強化されているということではありませんか。そう認識していいんですね。

森永 そうです。

吉田 ならば困窮が限界に達したら、階級闘争みたいなものが起きてくるということ?

森永 そこが難しいところなんですよ。昔の階級と違うのは、上流階級だけが子供に財産や教育を与えて再生産されてゆくんですが、下層階級が再生産されないんです。結婚できないので下流に落ちて死んでゆく、また死んでゆく……。

吉田 森永さんが付き合っている若者たちを見て、そう感じるんですか。

森永 彼らがよく言うセリフで、〝素人童貞〟って言うんですよ。風俗に行ってプロとはセックスしたことがあるんですが、一般の女の子とはエッチできないんです。

吉田 昔は、貧乏人の子だくさんなんて言ってたでしょ。あの世界も成り立たないんですか。

森永 そう。それすらできないくらいの、ひどい格差ができたんです。それでもね、階級闘争とまではいきませんが、立ち上がり始めてはいるんですよ。昨年の六月、秋葉原で五〇〇人規模の低所得者のデモが行われたんです。「生きさせろ!」と。それが全部アキバ系で、〝セクト〟が、オタク系、萌え系、非モテ系の三つに分かれていたんですって。

吉田　三派全学連ですか（笑）。

森永　そうそう。それが一堂に会して、最低限の生活をさせろと訴えたんです。ついにここまできたかなと思いました。プレカリアート（不安定層）運動というんだそうです。

吉田　「生きさせろ」って、基本的人権の世界じゃないですか。彼らは、ごく普通の中流家庭で育ってきた人が多いんでしょ、きっと。

森永　そうです。

吉田　ということは、戦後の到達点であった、中産階級の基盤が足元から崩壊しているということではありませんか。彼らのメッセージを裏返せば、このままでは生存できないということなんですから。中産階級って、森永さんも僕もそうだけど、みんな貧乏人だったのが、大学目指して一所懸命に勉強して、自分が得た知識や技術、それに基づいて築いた財産や価値観で世に立つ人間の群れじゃないですか。それを寄る辺に、世の中を良くしていこうと。そういう者たちのエネルギーが戦後の日本を立ち上げていったんだと思うんです。よく、一九六八年を軸にして革命の時代だったとか言われていますね。日本の全共闘運動やパリ五月革命、東欧諸国でのソ連圧制に対する学生たちの抵抗運動、プラハの春とか。ベトナム反戦だとか、アメリカでの黒人運動とか、キング牧師暗殺への抗議デモにはあのまだ大学生だったヒラリー・クリントンまでが泣きながら参加したじゃないですか。世界的な異議申し立て運動が起こった時代でしたよね。でもあれ、どこでもあれはすべて中産階級の抵抗なんですよね。みんな学生なんですよ。学生というのは中産階級に上り詰めていく、その過程にあったわけでしょ。下流から昇っていこうとする中産階級の上昇エネルギーがああいうものを全世界で呼び起こした。そうするとその中産階級の最先端であった団塊の世代が日本では、集団主義、さっき言った会社を主君に見立てた侍武士道資本主義をつくり、総中流文化というバブルの素をつくっちゃうわけだけど、いまその中産階級が金融資本主義の暴走によって、あえなく没落しているというわけですね、世界的に。

森永　そうです。

吉田　一九九二年の大統領選挙でクリントンとヒラリーが最初に出てくるでしょ。そのときのスローガンが、中産階級よ再び団結しようというものだった。それから一六年たったいまも、民主党の大統領候補予備選を戦ったヒラリーもオバマも中産階級を重視していますよね。特にヒラリーは「ミドルクラス・エキスプレス」という名の選挙カーで全国遊説して回った。これは、中産階級がもっている、富と権利と平等、再分配のシステムだとか、家族でささやかに食べていこうとか、地域共同体とか……中産階級が持っていたものが全部壊され、中産階級が戦後つくりあげてきた価値が全部はく奪され、少数者は上流に行くことができるだろうけど、大多数は下流に落とされるという、中流階級の分断、崩壊に対する危機感だと思うんです。だから、中産階級の崩壊は、日本だけの現象ではないのではありませんか。

森永　まさにそう。アメリカでも、日本でも、それが崩壊してしまったんです。

Ⅲ　資本主義はどこまで暴走するのか

白人の不動産価格下落が分かれ目

吉田　サブプライムローン危機を起点に、時間を遡って、いま私たちはどんな状況下におかれているのかを考えてきましたね。ここで再び振り出しに戻ってみたいんです。今回のサブプライムローン問題をどうとらえたらいいのかということなんです。ここまで見てきたように、八〇年代から始まった、イギリスやアメリカでの新自由主義的な経済政策へのシフトを契機に、三〇年近い時間をかけて、金融資本主義が世界を覆いつくしたといってもいい状態です。金融資本主義の優位がはっきりし始めた頃から、バブルが繰り返されていると思うんです。

森永　そうですね。

吉田　サブプライム騒動は、結局、アメリカの住宅バブルが背景にあるわけでしょ。振り返れば、八〇年代末には、日本の株式と土地バブルがあり、その後、ニューヨークの株式バブル、続いて、ＩＴバブルがありましたね。中国も上海や深圳、天津など大都市で不動産ブームが沸き起こりましたね。二〇〇四年に私も、中国東北部を旅した時に、大連や吉林などでど派手なビルが林立する様を目の当たりにし、バブルだと感じました。でも、現在は不動産の価格が下がりはじめています。これはバブルが崩壊したのではないかと言われていますよね。

森永　そう、金融資本は、次々にバブルを起こしては壊しているんですよ。

吉田　そうでしょ。バブルで金を増やすことしか知らないわけでしょ。金をゲーム化・カジノ化することしか、資本主義に残っていないということなんでしょ。

森永　新自由主義者にとっては。

吉田　そうすると、これから常にバブルをつくり、バブルを崩壊させて、またバブルをつくるという、その繰り返ししか資本主義は成立しないんじゃないですか。だとすれば、サブプライムローン問題は、ずっと繰り返されてきたバブルのひとつに過ぎないと見るべきか。言い換えれば、これからも金融資本主義が猛威をふるうであろう中での、通過点の一つに過ぎないのでしょうか。あるいは、世界恐慌が取り沙汰されているように、この問題が金融資本主義の挫折というか、その終わりの始まりを物語るものとして見るべきなのか。そのへんのところはどう見ていらっしゃる?

森永　ここはすごく悩ましいところなんですが、私は、サブプライムローン自体は大した問題じゃないと思っているんです。というのも、サブプライムローンが急速に残高を増やしたのはこの三年間ほどで、その間に供与されたのは四〇兆円強なんです。また、それが全部こげついたとしても、担保不動産の売却で四割くらいは回収できますから、サブプライムローンのこげつきは二〇兆円台にすぎない。この金額なら、世界の金融機関が自力で処理できないレベルではない。

二〇〇七年一二月の時点からみて、問題はプライムに波及するかどうか。サブプライムは住宅価格が下がらなくても、上がらなくなっただけで破綻するんですよ。返済三年目から金利がドーンと上がるんで。ところが、一〇年で倍以上になっていた住宅価格が、ちょっとだけ下がっているんです。この不動産バブルがはじけると銀行が貸していた、プライムもみんな不良債権になるわけです。日本と同じことが起こるわけです。そこにいくかどうかというのが運命の分かれ道なんです。サブプライムローンが破綻することによってたたき売りになっているのは、黒人が住んでいるところや、プアホワイトが住んでいるところなんです。アメリカは勝ち組白人ワスプが住んでいるところと、それ以外の人々が住んでいるところは違うわけですね。白人の住んでいる地域の不動産価格までドーンと落っこちちゃうとそれはもうアウト。世界恐慌になっていく可能性があって、アメリカが一気に転落するんですけれども。

吉田　プライムにまで波及すると恐ろしいことになるというのは、アメリカ経済そのものに信用収縮みたいなことが、全面的に起こって……ということですか。

森永　世界恐慌になるとしたらそうです。白人の住んでいるところもドーンと下がるということが起これればですけれど。ただ、マンハッタンの不動産価格なんかも下がるかというと……私はね、今回の仕掛けが巧妙だったので、下落しないんじゃないかという気がして。今の段階では。現状がバブルではないとは言いません。ただ、世界と比べてみると、いまや日本の株も土地も安いという可能性の方が高いのかもしれないんですよ。実は、いま、日本の不動産ってとんでもなく安いんですね。上海のマンションの価格って、ほぼ日本といっしょなんです。東京といっしょ。ちょっとしたマンションが五〇〇〇万円。これはおかしいわけなんですよ。ホワイトカラーの所得が日本の七分の一くらいですからね。

吉田　どういうことですか。

森永　私の仕事場に、マンションのチラシとか入ってくるんですけど、銀座のマンションが中古で二〇〇〇万円台というのがあるんです。こういうことあり得ないんですね、世界の主要都市で。だからもしかすると、このバブルのままで行くというか、資産価格が高い状態というのが世界の常識になっているのかもしれない。NHKの番組でルーマニアを放映していたんですが、ルーマニアの新築マンションで二億から三億なんです。頭おかしいでしょ。上海なんか三〇億のマンションがあるんですよ。日本にはそんなものないじゃないですか。

ファンド資本の過剰流動性という妖怪

吉田　いまのお話からわかることは、日本は一昨年から昨年にかけて下流化とか階級分解が激しいとかいわれるけど、世界はどうかするとそれ以上に階級分解が激しくなっているということですね。金持ちにはどんなに高いものでも買えるだけの富が集中するけれど、下層の部分が激しく壊れているというか、壊されているということですね。

森永　大昔に遡ると産業革命の頃から資本家がどんどん収奪していって下の方の人たちの生

活が長時間労働になっていって、低賃金を押し付けられているというふうに分かれていきましたよね。あれと同じ流れが、日本だけではなくて世界ではもっと極端な形で起こっているというのが実情でしょう。それでも一般庶民は働かないことには食べていけない。劣悪な条件でも働いて、搾取されて、上の人が太っていく。庶民のなかにはその悪循環のスパイラルに陥り、生活が立ち行かなくなって、サラ金、闇金に手を出し、そこでも餌食にされてしまう。日本の闇金で行われたことが、サブプライムで行われただけなのかもしれません。

吉田　そういう気がしてきますね。

森永　いま世界で起こっている話というのは、中国がその典型なのかもしれませんが、資本主義の暴走以外の何ものでもなくて、普通の人、現場の労働者の月給が一万円にしかならないなかで、年収一〇〇〇万円の中国人は、日本人の年収一〇〇〇万円の人よりも多いわけです。一〇〇〇平米のとんでもない王様のような家に住む人が増えてきて、その人たちの使用人というのが、工場で単純労働を延々と繰り返している。まるで産業革命の時代の再現かという。だから暴動があちこちで起こっていますよね。一〇万件という説もあります。アメリカと中国が、金の論理というのかな、資本家の論理でどんどん突き進んでいくなかで、資本主義の宿命とされた世界恐慌が、いままでとは違う形で牙をむきはじめているんだと、私は思うんです。

吉田　どういうことですか。

森永　ひとつは原油高にそれが現れています。原油の生産コストは一バレル三ドルなんです。なのに原油価格は一バレルあたり九〇ドル以上になりましたよね。どうしてそうなったかというと、サブプライムの市場から逃げ出した投機筋が全部原油市場にいったからなんですよね。原油価格って、なぜだかよくわからないんですが、ニューヨークのマーカンタイル市場という石油の取引をするマーケットがあるんですね。そこで決まった価格がドバイだとか世界中の価格を動かすという変な仕組みになっているんですよ。ちょうど春闘なんかで鉄鋼電機が賃上げを決めると他業種がみんな追随するみたいなのと同じようなことが起こっているんです。だから、ハリケーンがアメリカの製油所を襲ってぶっ壊れて、供給能力が下がると、原油価格が上がるわけです。そんなこと関係ないわけです。世界にとってアメリカの製油所がどうなろうとそんなこと知ったことではないわけで。でも、そこで決まった価格が波及していっちゃう。いままでもＯＰＥＣがカルテルを結んで原油価格を引き上げようとしたんですけれども、もう失敗の連続だった。なぜかというと、価格が高くなるとＯＰＥＣの中に裏切り者が出るわけですよ。どこがどうやったかは明確にはわからないんですが、そっと増産して、スポットで売っちゃえば丸儲けなんですね。いままでは、引き上げようと思っても、裏切り者が出るためにどんどん下がった。

今回はその裏切り者が出ないんです。中東が戦争状態でブッシュがイランまで攻撃するとかわけのわからないことをいうから、投機筋が安心して買い上げていっちゃった。それで世界の原油高になっていった。しかし、原油は無限には上がらないんですよ。ライバルがあるからです。バイオ燃料だって、原油価格が一〇〇ドル台をキープしたら、バイオ燃料の方が安くなってしまう。天然ガスもあるし、風力発電、太陽光発電もあります。たとえば暖房するときも、エアコンで暖房した方が石油ファンヒーターで暖房するよりも安いんですよ。そうなると、ライバル商品に需要が移っていくんです。だから一〇〇ドル台で一〇年続くことはあり得ないんです。短期的なものです。じゃあ、今度は投機資金はどこにいくかというと、トウモロコシの価格を上げて、小麦の価格を上げて、次はおそらく大豆にいくんでしょうね。

吉田　それでどうなるんですか？

森永　結局ね、やつらが短期の利益を求めて、いままで日本で不良債権買いあさって、吸いつくした金が、いま、原油だとか穀物に暴走していって、結局、その被害を受けるのは誰かといったら世界中の庶民なんですよね。だから、いままでの世界恐慌とは違った形で世界経済を壊しつつあるっていうような……。

森永　ハリケーンみたいなのがダーッと動いているということですか？

吉田　そうです。

森永　『共産党宣言』の冒頭にならっていえば、ファンド資本の「過剰流動性」という妖怪が世界中を徘徊して、めちゃくちゃ食い尽くしているという感じがするんですけど。

吉田　それなんですよ。従来の世界恐慌的なイメージじゃないものっていうのは。いままではアメリカのファンドだけがハリケーンをやってきた。基本的にアメリカは貿易で大赤字を出しているんですが、その大赤字を越える金がアメリカに流入しているわけです。日本のお年寄りがアメリカの国債を投資信託を通じて買っちゃうみたいな。余った金がハゲタカ資金になって世界中をグワーッと回ってたんですけど、ここにふたつ対抗勢力が出てきました。ひとつは中東のオイルマネーなんですね。これはあまりハゲタカチックじゃないんですけど。もっとおそろしいのが、中国の政府系ファンド。中国がシティに資金を入れましたよね。アメリカ発のハゲタカと、中東発のハゲタカと、中国発のハゲタカ。えげつなさからいったら、アメリカと変わらないのが中国のハゲタカ。それにインドも動き始めているんです。世界中の大国が持つハゲタカ資金というのが地球上にさんざんハリケーンを発生させているみたいなことが起こっているわけです。

中国の農民反乱にアジアの未来を求めたい（笑）

吉田　バブル崩壊後の日本の企業や不動産を食べ漁ったアメリカの民間のハゲタカファンドと政府系ファンド、つまり国家権力がファンドを経営しているというのは、どういうふうに違うんですか？

森永　同じだと思いますよ。やることは。

吉田　つまり、イデオロギー、たとえば中国でいえば、共産主義的なイデオロギーは関係ないんですか。

森永　中国人自身、あるいは中国でビジネスをしている人、みんな言いますよ。日本みたいな社会主義をやっていたら、おまえたちだめになるぞって。中国がやったことというのは共産党一党支配の中での開発独裁だったと思うんですね。ただ開発独裁がなかなかうまくいかないのは、人権が抑圧されるわけですよ。中国は今まで何やってきたかというと、住民の意見なんかまるできかずにここに工場つくるぞというと、有無を言わさずにばんばん潰していっちゃうわけです。財産権もなければ、人権もなければ、保障もしないというめちゃくちゃをやってきて、上海のリニアモーターカーなんて、空港との三十数キロを結ぶ路線をたった九カ月で造っちゃうんです。なんでそんなことができるのかといったら強権発動だからなんですね。資本家が誰の権利も考えずに、やりたいことをやれば短期間に急成長できるに決まっているんです。それがなぜ日本では進まないか、リニアモーターカーの新幹線が五〇年も六〇年もかかるのかといったら、そんなことできないわけですよ。

吉田　成田空港の農民闘争もそうだからね。

森永　そうそう。いまだにできない。たった一軒の農家を動かすこともできない。その意味では日本はすごく民主的というか……。

吉田　共同体的なんですね。

森永　そうそう。やっぱり財産権も人権も中国に比べたらはるかに守られているし。私、上海で日本のBS放送見ていたら、中国にとってまずいニュースを流すと、バーッと画面が砂嵐になったんです。私は目の前で見ましたから。日本に電話かけて、何のニュース流していたのと聞いたら、中国の反体制派の政治家がどうのこうのというニュースを流していた。むちゃくちゃなんです。世界中の大国、いま経済が好調なところというのは、資本家階級っていうのかな、巨大なマネーを持っている人たちが他の人たちの権利を無視して金の力で抑圧とか支配を強めているんです。私前から言ってたんですが、中国のバブルがいつ崩壊するかというのは、中国で共産主義革命が起こるときじゃないかと（笑）。

吉田　そうすると、共産中国から、資本主義中国に完全に移行していて……。

森永　もうかけらもありません。

吉田　残ったのはただの独裁という。

森永　そうです。昔は共産主義革命というのがあって、中間的な形態として国家を認めていただけだったんです。国家による独裁というのは共産主義の理想が完成に近づくにつれ、国家の役割はどんどん低下していく。みんなが原始共産制じゃないけれども、資源というか、土地や生産手段も皆が共有して、平等で、皆が自由に生きられるようになるというのが共産主義の理想だったんですけど、いまの中国は、共産主義による開発独裁というのが、独裁の部分だけを残して、そこに資本主義が入ってきたという……アマルガム（原意は、水銀と他の金属との合金）とでもいうような状態なんです。

吉田　いまの中国はかつての共産主義がもっていた欧米資本主義の収奪・人権抑圧に対する批評性をマッタク失って、まるで「劣者必敗」の新自由主義経済グローバリズムの申し子のような姿で踊っている。アジアの未来が、いまの中国の資本主義的躍進の中にあるとはとうてい思えないですね。胡錦濤政権の農地収用・土地取り上げに反対して中国各地で農民暴動や一揆・反乱が起きてますよね。中国の歴史伝統を見れば「黄巾の乱」のむかしから大規模な農民反乱によって「易姓革命」（世替わり）が起こる。いまの新自由主義「中華帝国」も先はわからないって気がしますね。青春期に日本の成田の三里塚空港農民反対闘争の記録映画（小川プロダクション・サード助監督）を撮っていたわたくしとしましては、特に中国の農民反乱にアジアの未来を求めたい（笑）……気がします。ただ、中国だけではない。躍進するインドだって、かつてのネールの欧米からの自由独立の気概はない。ＩＴに特化してアメリカの下請けみたいなかたちで膨張しているわけでしょ。中国はアナログ的な安い労働力、インドはデジタル的な頭脳力で、両方ともアメリカ経済の下請化・分散化と結びついているわけでしょ。

森永　そのインドも何やっているかというと、資本を蓄積する過程でハゲタカ資金をつくっているわけです。

吉田　躍進する「ＢＲＩＣＳ」ということで、ロシアのプーチニズムについても一言。あれって、かつての共産権力的な、社会主義赤色ツァーリズムなんでしょうけど。ここも政府系ファンドを立ち上げて、欧州や東欧経済に嫌がらせをやっているでしょ。天然ガスの供給をストップするぞとか（笑）。これは中国の新中華帝国主義と同じなんですか、違うんですか？

森永　ロシアの方が中国よりも生活レベルがはるかに高いですよ。ロシアって追いつめられているように見えますが、やっぱり昔の社会資本の遺産がすごくて、豊かだったんですね。ただ、成長する、アブク銭を貯めるところまではいかなくて。生活レベルが高いから、持っていた金を放出して赤字を埋めるみたいなことをずっとやってきたんですが、この原油高で金余りになって、一気に状況が変わっちゃったわけです。これからどっちに向かって走るのかはわかりませんが、ロシアがやろうとしていることも、アメリカ、中国を追いかけていくのかなという気がしてしかたありませんね。

ハチャメチャな自由放任主義

吉田　すると、世界はもう新自由主義一色の、まさに世界単一市場ができあがった。あの前出の新古典派経済学の祖マーシャルが主唱した自由貿易・適者生存の経済ダーウィニズムの世界ができあがったわけです。でね、それは何を意味するか？　というと、米国ＩＴバブルの頃に流行ったニューエコノミー論では国民国家経済のレベルを超えた現代のグローバル超資本主義にはもう不況というものはない、克服したというようなトンデモ理論が語られた。しかし現在のサブプライムローン危機が示すように、「不況は死なない」どころか、物価高と低賃金が同居する長期停滞＝世界的スタグフレーション、あるいはグリーンスパン米連邦準備制度理事会前議長の指摘「（それは）一昔前の金融恐慌（一九二九年のウォール街大暴落）に似ている」世界規模の経済危機を呼び起こしていますよね。その意味で、（「あとがき」に詳しく書きましたが）第一次世界大戦後の不況や一九三〇年代、世界大恐慌を回避する対抗型の資本主義として現れた日本型「計画統制」経済＝満州「実験」経済や一九四〇年代戦時統制システムってのは、貴重なものだったんですね。ロナルド・ドーアが『週刊エコノミスト』（毎日新聞社、二〇〇八年一月八日合併号）で日本型統制経済がなくなったことは惜しかったと言っています。なくすべきじゃなかったという感じなんですね。

森永　そうなんです。なくすべきじゃなかったんです。と言っても後の祭りですが。ロシアで革命が起きて、中国で共産主義革命が起こって、それはなぜかというと、奴隷制度の頃から人権の抑圧があったわけですけど、産業革命の頃からもっとひどくなったわけです。そのなかで全ての人に人権を認めましょう、あまりにヒドイ搾取にみんな立ち上がって、共産主義革命や社会主義革命が起きた。さっきも触れましたが、日本の戦後の経済システムも、ソ連の計画経済に範を取ったんです。やっぱり社会主義だったんです。ところが、社会主義の理想というのが脆弱なんですね。それが次々壊れていっている。最後の日本もいま、壊されそうになっている。ただ金融資本主義の生み出す富が経済全体を合計したときの所得の増加にも貢献するというのは確かなんです。だけど、極端な資本主義が国民を幸せにするかというと、一部の人は確かに幸せにするんだけど、大部分の国民は幸せにしないんです。

吉田　それはどうでしょう。戦後日本経済を「社会主義」とまで言い切れるか。最初にいったように源流の満州「実験」経済はソ連型と、それにあくまでドイツの重工業統制＝傾斜生産方式と日本的封建慣行の「日・独・ソ合併型」の官僚計画経済です。このシステムがなぜ戦後も連続して生き残り、六〇年代の「奇跡の高度成長」をサクセスさせたかは、理由が二つあると思いますね。一つはアメリカの援助です。日本型経済の異質性を知っていて、アメリカは許したんです、それを。なぜか？　戦後復興から成長期にかけて「東京のマフィア・ボス」と呼ばれ、夜の六本木を支配したニコラ・ザペッティを追ったノンフィクション『東京アンダーワールド』（ロバート・ホワイティング）から話を少し抜き出してみましょう。ホワイティングは「アメリカの占領政策は、じつはイデオロギーではなく、経済効果に主眼が置かれていた」（『東京アンダーワールド』三九頁）と主張しています。ご存じのように、GHQの占領政策は当初の社会的改革路線が否定され、日本を「反共の砦」とするための〈逆コース〉がとられますよね。この〈逆コース〉の舞台裏にウォールストリートの立役者たちが大規模なロビー活動を行っていたというんです。国防総省長官で大手投資会社〈ディロン・リード〉社長のジェイムズ・V・フォレスタルやら〈ロックフェラー〉筆頭顧問弁護士のジョン・J・マクロイ大統領顧問らの「ジャパンロビー」の面々が「戦前の経済構造を復活させるために」暗躍したというんですね。マッカーサー主導の「GHQによる過激なザイバツ解体計画に、はげしく異議をとなえていた」（前掲書、一四一頁）と。なぜなら、「スタンダード・オイルは一八〇〇年代後半以降、日本で商いを続けていたし、GEも一九世紀後半以降、三井財閥と深いつながりを保ちながら、日本の電力化に貢献した。当時日本における海外投資の四分の三をアメリカ企業が占めていた。その筆頭がGEで、三井系列の〈東芝〉の持株をにぎっていた」（前掲書、四二頁）というんですよ。

これはね、森永さん。もしマッカーサーの財閥解体が完全に実施されたらGEなどアメリカ大企業の持株は全部パーになっちゃいますよね。そんな大損ゼッタイ許しませんよ、アメリカ海賊資本の子孫たちは（笑）。でね、結果どうなったか？　日本の国会に提出されていた「過度経済力集中排除法案」が解体のターゲットとしていた大企業一二〇〇社のうち、実力行使されたのは「わずか九社。……財閥解体も中止された」「一九五二年までにアメリカ企業は、戦前の日本に投資した分をすっかり回収した。……戦前からあたためていた日本の株も、まんまと値上がりした」(前掲書、四三頁)。ホワイティングはこう報告しています。これがね、戦時統制経済が戦後も連続して生きのびることができた大きな理由の一つではないでしょうか。

それと、二つめにはですね、日本型資本主義のような官僚主導「計画統制」システムはむしろ当時の世界経済の大勢＝主流派だったと言えるかもしれない。アメリカだって不況期にはケインズ学派的なニューディールの公共事業をしてますし、戦後冷戦の時代はソ連邦を中心とした社会主義国家群はすべて官僚統制型経済でした。それに戦後は「民族自決」の波によって多くの新興独立国がアジア、アフリカ、中近東、南米に次々と誕生しますが、これらの国々の経済が成就するには多くが国家官僚による計画経済によってリードされる以外になかった。つまり戦後も計画統制システムは大いに有効性を発揮した。そのもっとも完成されたモデルが日本型官僚統制システムであり、これが力を増すことが反共イデオロギーの面でも、日本株の値上がりや市場独占の面からも最もよくアメリカの利益にかなったということでしょう。日本型は「社会主義」とも「資本主義」とも和解しうるヌエ的構造をもっていた。だから逆に、両者の弱点への批評性も持ちえていたと思うんですね。

つまりですね、日本型システムが世界に冠たる統制モデルになり得た理由は恐らく戦前の満州を含めた大東亜経済圏の失敗に学んで「学習効果」をもっていたこと、なによりも軍国主義による介入が戦後ゼロとなり経済官僚の独裁が可能になったからでしょうが、そんな〈軍隊力〉排除の経済立国の国なんて、世界に他になかった（笑）。世界一効率が良かったわけですよ。

結局、新自由主義とは何かといえば、資本主義のウルトラ化でしょ。共産主義と日本型資本主義は、それに対するアンチテーゼとして機能した部分があったと思うんですね。バブル崩壊で日本型資本主義は、おっしゃったように、『円の支配者』に描かれているような形で壊れていくのと同時に、共産主義も崩壊してゆく。資本主義における統制経済的なもの、それから共産主義における統制経済、それが同時になくなっていくことによって、世界経済がますます新自由主義一色の市場原理主義に呑み込まれてゆく。さっきは、一六～一七世紀に先祖帰りした欲望むき出しの海賊資本主義だと言いましたが、それどころではありませんね。ハチャメチャなレッセフェール（自由放任主義）。誰も止めるものがいない。アダム・

スミスの「神の見えざる手」もどっかに行っちゃった（笑）。

森永　そうです。これから完全な弱肉強食資本主義体制になってゆくんだろうなと思うんです。それは世界恐慌、恐慌状態が起こる、日本のバブル崩壊の後もそうなんですけれども、恐慌が起きたあと、何が起こるかというと、たとえば、自動車業界で言うとGMの下にポンティアックだとかキャデラックだとか、ビュイックだとかありますよね。あれ、全部自動車メーカーだったんです。それが世界恐慌の時期にどんどんGMに吸収されていくんですよ。日本だって銀行がいっぱいあったのが、どんどん集中していく。そうやって富の集中、資本の集中が起こっていくのがいつの時代にも起こっているんですね。サブプライムショックもそうなんですが、そこで資本間の権力闘争が起こって、弱いヤツがばんばん倒されて、どんどんマネーの塊というのがでかくなってゆく。富の集中の規模が、かつての世界恐慌の比ではないくらいに巨大化するんだと思います。それがこれから起こっていって、国境を飛び越して世界中で資本の出入りみたいなのが起こって、どんどん弱いヤツが吸収されて、山口組とか住吉連合などでかいところに再編されていくということが、たぶん起こっていくんだと思うんです。

吉田　なるほど、面白い。一九二〇年代から三〇年代は、国民国家がしっかりあって、そこにおける再編を通して、それがブロック経済にもつながっていくのでしょうが、やっぱり国民国家的なものが基盤にあったと思うんです。今聞いてあそうかと思ったんですが、金融資本主義下の再編の場合は、国民国家的な枠組みを飛び越えて進むんじゃないでしょうか。ナショナリズムとか一国経済なんてものがほとんど有効性を持たなくなるんですね。たとえば、日本が不況になって、政府が公共事業を発注する。しかし国際的労働の流動化が進めば、そこに中国の低賃金労働が入るだろう。国内の失業者対策は成り立たない。日本の中小企業もいまや「世界標準」レベルの競争力がないとダメ。「底辺への競争」を強いられています。

森永　支配する側というのがだんだん巧妙になってきているんだと思うんです。

行きつく先は荘園領主と奴隷

吉田　巧妙になっているのか、破滅に向かっているのか、まあ、破滅とは何かということになりますが、ここでコンピュータ、あるいはインターネットと金融資本について触れておきたいんです。誰も問題にしないんだけど、僕はコンピュータを使わないし、使えないんだけど、この世界市場を構成している最も大きな要素は、インターネットを介してつながるコンピュータ社会というかコンピュータ文明ですよね。リアルタイムで世界をつなぐ。言いたいのは、インターネットで世界が結ばれてから後の、お金のやりとりの速度と量、それに対する現実世界における距離感とのアンバランスさについてなんです。金融資本主義は、イギリス・サッチャー政権下での金融ビッグバンから始まったんですよね。それが何かといえば、市場のコンピュータ化でしょ。現在のサブプライム問題、いわゆる「リスク分散型の証券化」という金融工学テクノロジーもコンピュータなしには成り立たなかった。

森永　一要素はそうですね。

吉田　ビッグバンと言われたときに、僕の頭の中に端的にあったのは、金融市場をコンピュータで全部つなぐことによって、手続きの自由化を達成するということなんです。すると、ネットで結ばれるところが〝世界〟だということになるでしょ。最初に話したサブプライムローンの証券化、つまり証券化されたリスクが、いろんな金融商品と組み合わされて、ネットを介して、世界中にばら撒かれる。サブプライムがやばいという情報もまた、同じように〝世界〟を駆けめぐる。そういう情報を得ることはできても、買った人はわけがわからない、姿が見えないという、汚染源がどこにあるのかわからないという……そういう疑心暗鬼が株価を落としたり、経済混乱を起こしているのではないでしょうか。これってアルカイダと同じですよね。インターネットの姿なきテロと同じですよ。

森永　すごいものを持ち出してきましたね。でも、暴走を始めたときの、金融資本の恐ろしさや不透明さを考えれば、構造は似ているのかもしれませんね。

吉田　こうしたコンピュータ工学のネット経済を「サイバー経済」（小島實之）と呼んだ人がいますが、その人がこう書いています。

「サイバー経済は、あらゆる意味で、その『自由』の領域を広げる。物理的な時間と物理的な距離と、政治的な国境と、個人個人の心理的な壁を突き破る。そうやって拡張された『自由』は一方で人々にさらなる利便性を与えるだろう。だが、他方では逆に凶悪化した魔物の住み処となる可能性も否めない。そう。新しい市場は、新しい恐慌の舞台でもある」（『サイバー経済』二三～二四頁）

サイバー経済とは〈究極のレッセフェール〉をめざし、魔物とはそのアルカイダのような過剰流動性を指すのでしょうね。

つまり、ネットを往来する情報量と速度が人間の認識できる限度を超えているというのかな。あるいは、情報量に比して地球が小さすぎるというか。コンピュータによって、儲けもリスクも、瞬時に、世界中に、まき散らしてゆくファンド金融資本主義にとっては、地球の

〝狭さ〟が牢獄になっているのではないでしょうか。もっと伸びたいのに伸びられない。むかしの帝国主義市場がもっていたような〈外部〉＝開拓・収奪する処女地やフロンティア・植民地を喪失してしまった。もう地球の外の宇宙にしか魅力的なフロンティアはないという……宇宙のスターウォーズ競争の時代。それが中国の「神船」ロケットとか米露のMD新冷戦構造を生んでいるわけで、そんな狭苦しい中で、過剰流動資金が次々と、金のにおいを嗅いではさまざまなもの、原油とか穀物とか〈内部世界〉を食っていくわけでしょ。食っていくのはいいんだけど、最後はどこにいくんだろう。

森永　そこなんですよ！　なぜ人々が、お金にどんどん吸い寄せられるかというと、金を出した人に高い利回りをどんどん与えていくわけですよ。たとえば村上ファンドが二〇％の配当を必ず出してゆく。だけど、まともなビジネスやって二〇％の配当を払えるはずないんですね。すると何をやるかというと、農作物を食いつくしては、また次の畑に襲いかかるというイナゴをやるしかないんですね。金融資本主義の吸引力というのは、これなんです。そうすると、吉田さんが指摘したとおり、どこにゴールがあるのか。要するに収奪なんですね。違法じゃない強盗団、山賊とか海賊を国家も含めてうわーっとやっていくわけですよ。ところが、山賊ばかりをみんなが繰り返していたら、やがて食うものがなくなって、荒野になって、イナゴはどうなるのかということを考えると、死滅しかないですね。

吉田　その死滅というのを、経済的にはどう考えたらいいんでしょう。暴走する資本が、あらゆる換金可能なものを食い尽くした後に、現れる世界とはどんなものなんでしょう。国とか、人々の暮らしの形態のイメージが出てこないんです。

森永　たぶんイメージとしては、一気に収縮するというか。いままでは財やサービスを生産する活動が一方の極にあって、それを消費する一般大衆、中流層を中心とした消費がもう一方の極にあったんです。その層がどーんと落ちていって、マーケットが大金持ちの消費と極端な低所得層の消費とに分かれてゆく。たとえば日本で車が売れなくなっているでしょ。そんななかで、来年くらいに日産自動車がアジア市場に投入するのと同じ小型車を、八〇万円くらいの安値で日本市場に投入するという計画を発表しているんです。そういうかたちで、すごく安いものしか売れなくなってくるというのが、現に起こっているし、そうなってゆくんだと思うんです。そうすると、中流が支えてきた分厚い消費がなくなってきて、生産活動が当然シュリンクしていきますよね。最後は荘園領主と奴隷みたいな形になるのではないでしょうか。

吉田　つまり、金融経済というんですか、金のやり取りだけで動いていくものと、実物経済というのか、暮らしのためのものが完全に分離してゆく。

森永　そうです。

吉田　今後、その分離がますますひどくなっていくということでしょうか。

森永　その芽が出ているということですね。どういう手段で金を握ったかは問われることなく、とにかく金を持っているヤツが一種の貴族になっている。

吉田　そうですよね、森永さん。奴らはネット・サイバー経済時代における新貴族階級なんですよね。だから私、東京新聞の「本音のコラム」（〇八年五月九日）に〈現代の貴族階級〉って文章綴ったんですよ。チョット見てください。

〈世界的な食糧高騰で、アフリカ・アジア・中南米の各地で飢餓暴動が続発している。日本でも食料品の一斉値上げで、われわれ〝金無き庶民〟は青息吐息だ。「世銀は『新たに一億人が深刻な貧困に陥る』としている」（東京新聞五日付）。／こうした飢餓と貧困を拡大させている最大の元凶が、石油や穀物の買い占めに走るハゲタカ・ファンドの投機マネーであることは誰でも知っている。問題はそのファンド暴走を規制するシステムをつくる気が、日米欧や中ロ印の指導者にはとんと見られないことだ。／世はあげて新自由主義のレッセフェール（自由放任主義）の時代であり、それは「資本家階級の権力を回復させただけでなく、エネルギー、メディア、製薬、交通運輸、小売業の……企業権力の巨大な集中をもたらした」（デヴィッド・ハーヴェイ）からだ。／世界の金持ち上位三百五十八人の純資産が「世界人口の貧困下位四五％（二十三億人）の総収入と同じ」（一九九六年度）という。それにファンドは口座ひとつが最低十億円レベルと聞く。新自由主義時代の金持ち＝現代の貴族階級の利殖マシンなのだ。ファンドマネーの暴走規制が困難なのはそのためだろう。／そう、いま経済貴族たちはグローバルに団結している。穀物を独占され〝飢える側〟の対抗的ネットワークが必要だ〉

もっともこうした海賊みたいな貴族資本も全員が勝ち残れるわけではないんですね。ヤクザの抗争と同じだから。

森永　そうです。極端な弱肉強食の資本主義が壊れる方向ではなくて、暴力団抗争にいち早く勝ったヤツがものすごく金を持って、ハゲタカの中でもつまずいたヤツが食われてゆくというような、金持ち間の権力闘争兼、一般庶民層からの収奪の強化が激しさを増していくんだろうと思います。

吉田　中東のオイルマネーも中国の政府系ファンドも、かつてはアメリカのハゲタカでもあったシティバンクを食いにいっているわけでしょ。そうするとどういう資本になるんですか。

森永　さらに国境を越えたものになるんです。資本が混合すればするほど、目的は金になります。

ニューディール政策的な思考と哲学

吉田　「金」とは何か？　って本質論になりますよね。でも私は頭悪いから、マルクスの『資本論』さっぱりわかりません（笑）。ただ、資本主義の元祖だと言われているユダヤ資本のことを考えるんですね。ヴェルナー・ゾンバルトは、一九世紀アメリカ全土の鉄道網、ニューヨークの銀行は、西部カリフォルニアに流入したユダヤ人が作り上げたものであり、「証券取引所」の元祖も彼らだと言ってんです。あの『ベニスの商人』（シェイクスピア）と嘲笑されたユダヤの金貸し業の中から、近代の「株式会社」資本主義は生まれてきたってわけです。でね、森永さん、その世界中で古代ローマ時代から差別・迫害されてきたユダヤ人にとって「金」とは何だったか……です。シェイクスピアにとって、それは「人肉一ポンド」の命に値するものだった。しかし別の視点もあるんです。東京大学の情報学・西垣通は『ペシミスティック・サイボーグ』の中でこう述べている。

〈およそユダヤ人が金銭に執着するのも、それが抽象的であり、普遍的だからなのだ。決して札束に対するフェティッシュな欲望のせいだけではない。ものの価値を金銭で数量的に規定することによって、それは伝統・愛・名誉といった土着文化特有の価値観をはなれ、はじめてユダヤ人にも胸をはって所有できる存在になることができる〉

と、すれば、祖国無きユダヤ資本主義にとって「金」とは世界平等を獲得するための武器であり護符であり、対人関係を対等にするための共通言語となるわけですね。武器ですから、多ければ多いほど安全＝世界は平等になるという錯乱あるいは倒錯した正義感をこの資本主義はもっていると思うんですね。国境を越え、国家・地域共同体の枠を壊す、経済的拡張なしに資本主義の進展はないと考える「ユダヤ商法」の悲しみ・倒錯と自由主義のレッセ・フェールの考え方、暴力的な過剰流動性の形態は無縁ではない、つながっていると思えてくるんです。とすれば、現在の新自由主義は拡大すればするほど、資本の活動は国益とかいった土着のナショナルなものと直接利害がなくなりますよね。

森永　そこに暮らす人のことや、ユーザーの利便性なんてお構いなしで、ますます暴走を繰り返していくだけです。

吉田　日本の場合、福田やその後の政権に変わって、また予算編成がばらまき型に戻るって言われていますよね。でもそうしないと、もはや、地方がもたないわけでしょ。小泉改革的な、竹中的なやり方に対する反動が起きている気もするんですが。

森永　それが怖いんです。現に起きたんです。あまりにひどいことをしすぎたから、地方は怒って参議院議員選挙で政権党を揺るがしたわけです。だから、それへの手当てをしなければいけないんです。自分たちの政権を守るために。だけど、予算編成がどうなったか。ばらまきだ、ばらまきだと言いますが、小泉改革五年間で、公共事業を三分の二に減らしたんです。たしかにばらまきをチョットやったんですけど、公共事業三％カットを始めとする十四兆三〇〇〇億円の歳出削減策のレールの上に乗っているんですよ。今年度予算は。その基本線の中でちょっとばらまきを強めただけで。小渕恵三さんがやったような一〇〇兆円の大盤振る舞いに比べたら、何もしていないに等しい。

吉田　でもようやく小泉改革路線見直し派の麻生首相が出てきたじゃないですか。うしろに黒子役の経済学者リチャード・クー氏がいて、景気回復のための財政出動も辞さずの構えですよね。ちょうどアメリカ民主党のバラク・オバマ大統領候補もこの金融恐慌不安の中で、「明らかに政府の市場介入、大きな政府を志向する〝伝統的なリベラル主義〟に傾斜している」（『週刊東洋経済』〇八年八月九日号）と伝えられます。なにより「小さな政府」の構造改革（市場原理主義）を煽《あお》ったあの小泉元首相が政界引退しました。今後は麻生太郎・小沢一郎・オバマ・マケインの誰が指導者になろうと、あの一九二九年の世界大恐慌に対抗したルーズベルト米国大統領のニューディール政策（大きな政府）的な思想と哲学を要求されるだろうと思いますね。

破滅によってしか暴走は止まらない？

吉田　この金融資本主義に対抗できるモデルというか、価値観はどんなものが考えられるのか。そのことを考えてみたときに、さっきも言いましたが、中産階級の復権だろうと思うんです。米国住宅バブルの崩壊をずっと警告してきたプリンストン大学のポール・クルーグマンも、〝米国の格差拡大が健全な中間層を崩壊させている〟（『グローバル経済を動かす愚かな人々』）と考えているようです。逆に言えば、そうした中流の、中産階級パワーの可能性が、これから経済発展してゆく国にはあるんじゃないでしょうか。たとえば、中国はどうでしょう。バブルかもしれませんが、近年の経済成長は目覚ましいものがありますね。北京オリンピック開催で、インフラが整備されてきましたよね。日本が一九六四年の東京オリンピックを契機に経済発展を遂げ、中産階級が確立したのと同じことが起きるのではないでしょうか。いま、多くの中国人は、低賃金の下層労働に甘んじているけれども、基本的には、経済成長に伴って中産階級が大きな形で生まれようとしているわけでしょ。そう見ていいわけでしょ。

森永　いえ、そうは思えないんです。中国には中産階級が生まれないですよ。中国人民の生活を改善するって、胡錦濤が言ってますが、実際にやっていることはハゲタカ以外の何ものでもありません。先に富める者から富んでいこうと。でも、後が続かないんですよ。とんでもない格差をつけているわけです。上海へ行って驚くのは、月給一万円の人と、五〇〇万円の人、一〇〇〇万円の人、ものすごく極端に分かれている。デパートへ行って携帯電話買うときに、貧乏人は五階、六階にいくんですけど、金持ちは一階で買うんです。その値段たるや一台十何万円ですよ。いったい、何なんだこれはと思わざるを得ない。

吉田　インドはどうなんでしょう。いま、IT産業を梃子に大きく飛躍しようとしているじゃないですか。僕は八八年に、『下下戦記』で大宅壮一ノンフィクション賞をもらって——大宅賞の副賞は航空券なんです。それを使って、初めて行った外国がインドなんです。本当は中国に行こうと思ったら、天安門事件が起きて行けなくて。それでインドに行くんですけど。インドに二週間いたんですが、何を見たかというと、ヒンズー教の民衆支配なんです。

ヒンズー原理主義まではいってなかったけど、ヒンズーっていうのは農村宗教でしょ。輪廻で死生観が構成されているから、貧しいのは輪廻だからしょうがないと。だから、このインドが、全体として豊かな国になるには、ヒンズーこそが改革されなければならない。そのうえで、中産階級が勃興しないとだめだろうと、そう思って帰ってきたわです。そのときには、まだＩＴ産業がなかったから、そういう手だてをインドの下層階級というか労働者階級がもつということを考えませんでした。とにかくヒンズー教みたいな宗教的イデオロギーの質的変化がインドの民衆には必要だと考えたんです。

日本の創価学会みたいなものですね。池田大作が何をやったかは別にして、金もうけをすることはいいことなんだよ、聖なることなんだよと。神様も喜んでくれるんだよという、都市型宗教、働く宗教が生まれてくることが、おそらくインドが豊かになること、中産階級が生まれてくる条件だろうと考えて日本に帰ってきたわけです。おそらく無理だろうとは思っていたわけだけど、インドに創価学会的なものが生まれないかなということをずっと外側から見続けてきたんです。その宗教がＩＴに変わることによって、中産階級が増えていくのではないかと思っているんですけど、その可能性はありますか。経済成長しても、相変わらずの格差、身分制社会が続くんですか。

森永　中国と同じで望み薄だと思いますよ。以前、『ヤレデキ』というテレビのバラエティ番組に出演したんですけど、インドの七歳で高校二年生、こんなちっちゃい子が出てきたんです。二ケタの九九ができるとかいって。そのお兄ちゃんが一二歳で大学を卒業している。もうおかしいですよね。見た目かわいらしい子どものくせに、わけのわからない難しいことを言うんです。エリート層の子どもだけがものすごく濃密な教育を受けているんです。そういう層が出てくる一方で、一般の低所得層っていうのが存在し続けるでしょう。そもそも、世界経済の仕組みが、金融資本主義が支配的な、自由競争になっているんですから。その枠組みでは、格差はほどほどの中に、決しておさまらないいんですよ。富が少数者に集中して、極端な格差が生じてしまうんです。

吉田　ちょっとショックですね。中産階級はもう生まれませんよ、というのは。つまり、資本主義が中産階級を担い手とする姿をとる必要がなくなったわけだ。資本主義の変質ですよね、それは。同時に、平和だとか公平配分だとか、機会の均等といった中流的、市民的な価値も変質するということですよね。

森永　そうです。だから、ワーキングプア層の若者が、こうなったら戦争しかない、なんて戦争に希望を見いだしてしまうような事態になるんですよ。

吉田　戦争になって究極の破滅を迎えたら、いまの弱肉強食社会もご破算になって、俺たちにもチャンスが巡ってくるかもしれないということですね。戦争は、下層に追いやられた若者だけの願望だけではないんじゃないですか。金融資本主義がバブルを作っては壊しをこれからも繰り返して、市場を食い尽くしたら、最終的にはどうなるんですか。もはや戦争しか残ってないでしょ。九・一一以後のアフガン・イラク戦争のミサイル大放出で、航空・宇宙産業のロッキード・マーチン社は劇的な業績回復を果たしたし、ハリバートン社のような民間軍事請負業もイラク復興で大儲けしている。そうした軍事会社にはカーライルグループなどの世界的投資会社がからんでるし。つまり、金融資本も究極には戦争を欲望するんじゃありませんか。

森永　そうです、戦争でしかリセットされないんです。カネ、カネ、カネの世の中には、常にフロンティアが必要なんです。フロンティアがないと行き詰まる。イナゴが次々に農作物を食い尽くしていくのと同じだから。だからどんどん拡張しにいくんですね。時代をぐっと遡って戦国時代末期を見てみましょう。現在の状況は、織田信長の時代と大して変わらないんですよ。織田信長は何をやったかというと、関所を撤廃して楽市楽座を設けましたね。日本では、織田信長が最初にマネーの論理、貨幣経済の仕組みを作っていくんです。その象徴として、彼は永楽銭を旗印に掲げるわけですよ。その織田信長が作った貨幣経済の論理で国を回して、兵士も全部金で買うというカネ、カネ、カネの論理は豊臣秀吉に引き継がれました。しかし、天下統一が成って、戦争がなくなると、金で武将たちに報酬を与えるという仕組みが回らなくなるわけですね。それで朝鮮出兵を敢行してしまうわけです。結局、失敗に終わり、破滅してしまった。

常に、破滅しか暴走し始めたマネーの論理を止める方法がないのではないか。近代に目を向けても、一九二〇年代に起きた昭和恐慌に端を発する、弱肉強食化と軍国主義が止ったのは太平洋戦争で三〇〇万人以上の人命と国富の四分の一を失って焼け野原になってからですよね。こうなって初めてあれっと気づいたんだと思うんです。だから今回の世界のマネーの暴走もこのままいったら、最終的には戦争による破滅によってしか止まらないのではないかと、絶望的な気持ちで思ってしまうんです。

吉田　戦前の国民国家間のマネーの暴走の軋轢は、第一次世界大戦と第二次世界大戦のふたつのグローバル戦争によって、グローバルな解決がなされましたよね。でも、今回の金融資本主義の暴走では世界大戦までいかないでしょ。とくにヨーロッパは世界大戦やらないでしょ。

森永　ヨーロッパはね。ですが……。

吉田　イラク戦争とか、局地戦でごまかしたり、次の標的はイランだなんて言ってるわけでしょ。もし世界大戦が起こるとすれば、アメリカと中国の衝突がきっかけになるんでしょうが、この両国は戦争すると思いますか？

森永　私はそれだけは絶対にイヤなんですけど、世界で唯一アメリカに刃向かう可能性があるのは中国ですよね。やりかねないですよ。退陣間近ではありますが、ブッシュ大統領って、頭おかしいんだもの。この人の頭がおかしいと確信したのは、アメリカの情報機関が、二〇〇三年の秋にイランが核開発計画を中止してありませんと言ったのに、ブッシュは、その後のホワイトハウスの記者会見でイランは危険だと発言した時です。アメリカはイランに対する武力攻撃の選択肢を排除しないって、おまえヘンなんじゃないかと。日本だってたまたま安倍さんが病気で倒れたからよかったけど、現行憲法下で集団的自衛権の行使は可能であると堂々と言って、有識者と称する右派を集めて集団的自衛権を解禁しようとしてたわけじゃないですか。あのままいってたら、日本だってアメリカにくっついてイラン攻撃にいく羽目に陥る可能性がじゅうぶんにあったのでは。

吉田　僕が、すごく心配していたのは、ハト派と言われた福田政権になっても、安倍首相についていたネオコンの国家主義的な部分は依然として存在していたわけですよね。今後、このタカ派的なものはどうするんだろうということなんです。

森永　福田康夫が政権維持できなくなって麻生太郎が出てきてまた、安倍的なものが息を吹き返しますよね。この間、佐々淳行さんと会ったときに、こんなこと言ってました。「麻生太郎と話していて、世の中右傾化して、おれたちふたりが中道になっちゃったからなって言って笑った」って。でも、あながち嘘じゃないなと思うんです。

吉田　安倍が挫折したから、これで憲法改正の問題はとりあえず安心だみたいなことを護憲派は言っていたけど、ますますおかしくなっている。あの福田政権というのが結果的に目くらましになって。僕は「九条の会」とは全然関係ないんですが、安倍的な集団的自衛権をめぐる改憲の問題が、いずれがばっとくると思う。

森永　そうなんです。護憲勢力が安倍がいなくなってよかったねって、みんな明るい顔しているんですけど、私、『マガジン九条』新年号に、危機は去っていないんだぞ、と書いたんです。油断しちゃだめなんです。

外資がなくてもやっていける？

吉田　この間『株式会社ロシア』（栢俊彦、日本経済新聞出版社）という本を読んだんです。新興財閥の興亡が描かれていて、たとえば、新興財閥は国有企業の払い下げで成長していくんですね。そのときに彼らがモデルにしたのが、岩崎弥太郎だと書いてある。三菱財閥を築いた明治の、岩崎弥太郎ですよ。二一世紀ロシアの新自由主義と明治ニッポンの原始蓄積が同じレベルだと（笑）。

森永　歴史は繰り返しているんですよ。明治時代の社会経済システムって、ものすごい弱肉強食なんですよ。もっともっと昔からそう。中世の室町時代のある種の安定期から、戦国時代になってものすごい弱肉強食になって、最後に徳川家康が江戸幕府を開いて、無理しなくていいよというので、安定期が続きましたよね。それが明治になって、また弱肉強食になって、最後は太平洋戦争で破滅して、戦後、社会主義的な資本主義で、ある程度の平等と豊かさが保証されてやってきた。それが現在、またもや戦国時代のようになっていっているわけですよ。戦国大名の武器は金なんです。金の力で他者を支配しようとしている……。

吉田　それも、世界戦国大名みたいな。

森永　そうそう。日本の大名はアメリカとか中国の大名に比べると少し弱いかなと。だから植民地になっちゃうかもしれないですよね。金の植民地に。実際、外資系企業に勤めている人は、植民地の抑圧された現地住民的な部分があるんです。同じ法治国家の中で活動しているのに、外資系企業だけが、従業員を即日解雇できるということが許されているんですから。これは植民地化されているということでしょ。

吉田　ひいき目に言っても、治外法権。明治の欧米列強に強いられた不平等条約と同じだね。いま、銀座の一等地に、セレブご用達の外資系ブランドの旗艦店が立ち並んでいます。日本法人の社長は本国から落下傘で降りてきて、日本でいかにいい成績をあげて、本社に戻ったら、さらに上のポストにつくかということだけを考えているそうです。だから、日本人従業員に課せられる売上増の数字は半端じゃないという話を聞きました。

森永　いままで日本と韓国は外資の支配をあまり受けていない国だったわけですが、韓国は九七年の経済危機の後、外資に一気にやられましたよね。日本もバブル崩壊後、かなりやられました。自動車メーカーだってトヨタとホンダ以外はみんなやられている。銀行は外資に食われていないように見えるけど、三菱東京ＵＦＪ銀行なんか、株主構成みたら、外資に近いわけです。

吉田　そのトヨタのことなんですけど、トヨタこそおそらく戦後、日本集団主義経営が生み出した、最後的表現というか最大の表現だったと思うんですよ。日本の戦後経済が生み出して、生き残ったグローバル企業として。あるいは異常なほどの輸出依存体質をリードしてきた黒幕はトヨタだったんじゃないですか。日本の戦後企業文化や経済力、あるいはモノづくり、そういったものが全部、〝一将成って万骨枯る〟みたいな意味でトヨタに集約されたんだと思うんですね。ゼネラルモーターースを抜いて世界一の自動車会社になることが確実視されていますけど、国内自動車産業が中国などで勃興していますよね。そんな状況下で、トヨタの未来というのはそれほど大きくひらけているんですかね。

森永　トヨタの車は世界でいちばん品質がいいわけですね。トヨタはね、バブル崩壊後も、工場ひとつ分くらい余剰人員をかかえていたんですよ。でもリストラしなかったんです。それが今生きていると思うんです。

吉田　でしょ。日本的経営を守ると言っていたわけでしょ。ところがたとえば、キヤノン。一九三三（昭和八）年くらいだから昭和不況の暗黒期に誕生するわけですよね。一九三〇年に浜口雄幸が「金解禁」で世界恐慌を呼び込んで、東京駅でテロ狙撃されるわけですから。恐慌の中でスタートした会社ですよ、キヤノンというのは。だから従業員を大事にした。

〈新家族主義〉という人間第一主義をずっとスローガンにして戦中戦後、従業員を守ってきたわけでしょ。それがここにきて、偽装請負でしょ。

森永　そこのところはね、キヤノンの株主構成を見てみないとわからないんですが、株主の半分くらいは外資なんですね。

吉田　外資が入ってるんですか。

森永　日本はデフレなんで、世界から見ると、株価が異常に安いんです。海外の投資家にとっては、日本企業の株はお買い得なんですよ。たとえば電機メーカーでいうと、ソニー、松下それぞれ時価総額五兆円くらいなんですよ。ゼネラル・エレクトリックは四二兆円ですよ。ゼネラル・エレクトリックの時価総額が、ソニーとか松下の八倍なんてこと、作っているものを比べたら、考えられませんよ。そんなに差があるわけないじゃないですか。でも、そこが、実体経済から乖離した金融資本主義の恐ろしいところなんですね。たとえば、世界第二位のシェアをもつ新日本製鐵が、第一位のアルセロール・ミッタルに乗っ取られてしまう可能性はないわけじゃないんです。敵対的買収をかけられているでしょ。そうやって、金融が会社を壊していくというのは、私は十分ありうると思う。

吉田　経団連の会長の会社キヤノンでさえ、外資に半分近く乗っ取られているというくらいですから、ほとんど日本の経済は外資主導ですよね。

森永 外資主導どころか、小泉元首相は、日本への海外からの対内直接投資を倍増しようという、わけのわからない計画を立てて、どんどん進めてきたわけですよ。

吉田 僕は一昨年の暮れに、雑誌『アエラ』でヒラリー関連の取材をやっていました。そのときに日商岩井の部長さんに会って話を聞いたんですよ。その人が言うには、日本の企業は、外資なくてもやっていけるんですよと。それ、本当ですか。

森永 やっていけますよ。

吉田 彼は、自給自足にしてしまえばいいんですよと。そういう言い方を自嘲的にするわけですよ。やってやれないわけじゃないというわけです。そういうふうなことを軸にすると、たとえば麻生首相はかつてこう語ってるんですね。太友会フォーラム講演の時に。「私は竹中平蔵さんともう四年半くらい、やりあってきました。グローバルスタンダード、いわゆるアメリカ型経済にすべきだというのが、この人の意見なんです。私は本当かねと。それはアメリカにはいいけれども、日本には合わないんじゃないかと。（中略）海外と商売するからグローバルスタンダードに民法、商法、皆合わせないとしょうがないのであって、別に海外と商売しないんだったらそんなもの要らない、という大前提をわれわれは頭の中に入れておかないといけない。……日本人相手に商売するんだったら、日本型でやらなきゃやれないというのが私の答えなんです」みたいな……、そんなことできるんですかね？

森永　うーん……そこは難しいんですよね。できたらいいなと私は思いますけど。

吉田　そういうことって、森永さんも考えることはあるんですか？

森永　私は、日本企業が外資に食われないようにするには何をすればいいのかということをずーっと言い続けてきたんですから。だって、ろくなことになってないんですよ。乗っ取られた企業の従業員って。

格差から戦争へという戦前と同じサイクル

吉田　ホリエモン騒動の時にお聞きしましたよね。敵対的買収から企業を守るためには、株の持ち合いを復活するか、あるいは財閥化、新財閥をたくさんつくるか、って。僕は、これからは新財閥の時代が始まるんですかと尋ねた覚えがあるんですよ。そしたら、森永さんは、時価総額が、アメリカと日本では違いすぎるから、財閥ごと乗っ取られてしまう恐れもある。だからそんなことをやったって無駄だと。そんな答えだったと思うんです。ただ、日本企業のなかに持ち株やり始めたところがありますよね。

森永　そうそう、あれは正しい方向だと思う。

吉田　有効ではあるんですか？

森永　有効ですよ。だってお互いが相手の企業の株を持ち合っているから、外資は買いたくても買えないんですから。

吉田　前はだめだとおっしゃったんですよ。

森永　だから、ホリエモン事件の時に私は何を見たかというと、ニッポン放送の株価がものすごく上がったわけですよ。昔からニッポン放送の株をもってくれていた、いわゆる持ち合いをやって信頼していた会社が次々にニッポン放送を裏切って、株を売っていったんです。だから持ち合いは意味がないと。私は個人的にはそういうやつきらいなんです。おまえはね、いままでつきあってきた人間関係よりもそんなニッポン放送の株売って、何千万円か何億か儲けるかもしれないけど、そんな金の方がいいのかと。どいつもこいつもハゲタカになりやがってと。

吉田　そういう意味だったんですか。じゃあ有効性はあるわけだ。

森永　ちゃんとお互いがほんとにやればですよ。やれば絶対有効ですよ。でもどいつもこいつもモラルが低いというか、金になびいて持ち株売ってしまうようなことをやりかねない。

ヤクザの世界じゃないけど、仁義にもとるわけじゃないですか。

吉田　なるほどね。あともうひとつ、財閥なんですけど、持ち株会社を作って財閥化するというのは、外資からの防衛に有効なんですか。

森永　できたら有効だと思いますよ。ただ気をつけなければならないのは、持ち株会社だとその持ち株会社を乗っ取られると根こそぎやられちゃうんです。

吉田　そうすると規模ですね。どのくらい大きな形で財閥のシステムをつくれるかということ。同時にその大財閥化が従業員・労働者の幸福をふたたび増大する方向に動くかどうかは保証の限りではない……ってことですよね。

森永　そういうことです。

吉田　金の植民地化をめぐる攻防、そういう面はわれわれもわかるんですが、問題は、さっきおっしゃったように、戦国時代のサイクルを今の社会状況にあてはめても、合致するということなんです。いま最もわれわれに近いサイクルで言うと、一九二〇年代、三〇年代ではありませんか。現在、ネットカフェ難民含めて、都市の労働者のワーキングプア化がますます深まると同時に、富の分配をめぐって、地方と中央の格差がますます広がっているわけでしょ。そうすると、一九二〇年代、三〇年代、なぜ日本が中国、つまり満州に深入りしていったのかということを、僕は想い起こすんです。一九二九年の世界恐慌と、三〇年の浜口雄幸首相、井上準之助蔵相による、金解禁が不況を呼び込んだことも、深入りの大きな要素でしょう。それからもうひとつ国内事情としてひどかったのが、都市と農村の格差ではありませんか。僕は山形の生まれなんです。昭和不況の真っただ中で、若い娘の身売り日本一が山形県でした。時代はややずれますが、都市ではモボ・モガといって、昭和モダンを謳歌していた。都市と農村の問題、格差があまりにひどくなってゆく。これも資本主義の暴走によって、富が都市に集中した結果ですよね。石原莞爾たちの満州進出には、農民たちの新天地をつくるというかたちで、都市と農村の間に横たわる矛盾を解消しようという意図も込められていたのではないでしょうか。あるいは格差をなんとか小さくしようと、農家の次男三男を入植させようという意図もあったわけですよね。都市と農村の格差をどう解消してゆくかという問題は、戦前の隠れた大きな課題であり、難問だったわけですよね。その矛盾を解決しきれなくなって、結局、対米戦争にまで入っていく。そうすると、格差が激しくなっているいまを生きている私たちは、実は、あの時代に戻っている、あの時代に生きているのではないか。こうした認識がわれわれの中にない。これが一番問題だと思っているんです。

森永 すごくイヤなんですけど、結局マネーの暴走が止まるのは、最後は必ず戦争になってものすごく多くの人命と財産が失われて初めて気づくというのが常にいままでの歴史なんですね。でもそれだけは絶対にイヤなんです。

われわれは一九二〇年代に生きている

吉田　ただ、そこに話がいく前に、われわれが考えなければならないことがあると思うんです。二一世紀の考え方、つまり現時点から、バブル崩壊以降の日本人がたどった経緯を振り返ったり、行く末を考えたりする。これが普通の思考ですよね。しかし、このあたりで、そういう視点をいったん括弧に入れて、一九二〇年代に生きているという認識を持つ必要があるのではないかということなんです。われわれは金解禁の時代に生きているのといっしょだと。

当時と比較して存在しないものが、国権の発動たる戦争と軍隊。これはとりあえずありませんね。自衛隊が海外派兵されるときは、志願した隊員の先っぽが出て行くだけで。これから自分がどう生きていくか、思想といったらいいのかな、それを思うときに、弱肉強食の、統制経済の時代に生きているという時代感覚を持ってみる。それから経済のグローバル化、つまりグローバルとは国境を越えていくことだとばかり思っているわけですよ。相手から国境を越えられる＝越境されるという感覚がない。世界をもう少し、経済的に見るだとか、国内史観でものを見てはいけないよとか、海外のハゲタカファンドによって日本企業が食われているとか、そういう感覚でグローバリズムを考えているんだけど、実は金解禁の時代のリアリティの中に、私たちの生活は対決させられているんだという、この歴史感覚が必要なんです。さっき僕が、満州での経済政策からバブル経済までは、地続きで、そこに込められた情念や思想についても考察した、と言ったのはこうした歴史感覚を持とうよ、ということに通じるんです。

森永　そう。同じなんです。金解禁が行われる前に、財界でどのような議論がなされていたかというと、大正バブルの贅肉をそぎ落として、もっとリストラをして財界整理をしようということなんです。小さい企業を潰して資本を集約していかなければ日本は生き残れないという議論がなされて、ある意味でマネーの暴走が、現在と同じような形で起こっていったんです。浜口雄幸が旧平価での金解禁に踏み切ったときに、一部のエコノミストたちはすごく反対したんですね。たとえば東洋経済の石橋湛山は、嵐の日に窓を開けるようなものだと。デフレのなかでそんなことをやっては景気がガタガタになってしまうと。でも浜口は批判者に対して、どのように応じたかというと、列強各国がみんな金本位制に復帰しているのに、五大列強国のひとつに数えられる日本だけが復帰しないわけにはいかない。明日、伸びんがために今日縮む、と。それで金解禁に突っ走ったんです。

吉田　そしたらますます景気が悪化したんですよね。

森永　そうです。これはいまの知識階級の人たちが言う、日本みたいな社会主義なんかやってられないんだ。世界はもうマネーの論理で動いているんだから、このグローバルスタンダードに合わせなければならないんだと言って、日本もそこに組み込んでいこうとするのと同じもの言いなんです。それが構造改革なんです。その結果がどうなったかは、私たち自身、日々の暮らしで味わっていますよね。なかには濡れ手で粟という人もいるんでしょうが。さて、浜口内閣の時と同じなのは、民衆がそれを圧倒的に支持するんですよ。娘を身売りしなければならないのに、それを支持するという異常なことが起こっているんです。

吉田　その流れで言えば、第一次世界大戦後バブルが弾けて、戦後不況が深刻になり、農村が壊滅的な状況に陥りますよね。それを見たいまの麻生太郎首相の曽祖父、麻生太吉が――彼は九州福岡の筑豊の「石炭屋」あがりで、石炭、鉄道、金融、電力を総合した麻生コンツェルンの総裁までのし上がるんですが、やっぱり資本主義はダメだと。修正資本主義、統制経済を主張しはじめるんですね。「……巨大資本の私有を萬悪の源なりとなす」って、はっきりと欧米アングロサクソン型資本主義との対決を主張する。こういう考え方が第二次世界大戦前の一九三〇年代の岸信介たちの満州の統制経済とつながって、日本の戦時統制経済に流れ込んでいく。統制経済って、私たちは戦後教育で、軍国主義とセットで教えられて、マイナスイメージでしか見てなかったわけです。おそらく第一次世界大戦から第二次世界大戦にかけての身売り農村暗黒だとか、ああいう時代における統制経済っていうのは、アングロサクソンのやらずぶったくりの帝国主義に対するプラスシンボル（対抗原理）の面を相当持っていたのではないかと思うんですよ。

森永　絶望の中に希望を見る、みたいな。こうして過去の事例を見ていくと、人間って弱いんだなとつくづく思いますね。小泉を支持した層だって、同じじゃないですか。こういうふうに格差が開いていけばいくほど、このままいっても現状が変わるわけではないのなら、一発逆転が狙える仕組みにした方がいいと思ったんです。そのためなら痛みにも耐えようと。さっきも言いましたが、一般庶民にそんなチャンスなんかはっきりいってゼロなんですね。

吉田　そうですよね、そうした歴史感覚を持っていまを考えると、また新たな視界が開けてくるのではないかと思うんですよ。やっぱり平和とか共同体的価値を大事にしようね、とか、個人のむき出しの競争では世の中成り立たないよねとか。金融資本主義の嵐が吹き荒れる中で、そういう空気が生まれないかなと思ったんですけど、だめかな？　反省の機運すら生まれないのかな？　五月二〇日の朝日新聞に載っていたけど、あの小渕首相は「思いやりのある優しい人だった」（野中広務）って。そしてね、「『小渕後』の政治では、競争原理や小さな政府が叫ばれ、公共事業や福祉予算がばっさり削られた。日本経済を立て直すために『改革』は必要だろう。けれども、それとともに、政治に最も大切な思いやりが失われていないだろうか。後期高齢者医療制度を考えると、……お年寄りに対する思いやりや優しさを欠いていたことがわかる」なんて論調もチョッピリだが、出だしたけど。

森永　ここで反省して、おっしゃたような価値観に戻るのなららいいんですけど、たとえば、新自由主義にブレーキをかけようという発言をメディアでしても、どんどん潰されていくわけですよ。私はバラエティ番組に出ているから、テレビに出続けているように見えるんですけど、実は、専門の経済番組とかはものすごい勢いで干されているんです。秋葉原のメイドネタでは出ていますけど。基本的には追いつめられていますよね。逆に言うと、いままでの仲間だった評論家の人たちがどんどん体制側に寝返っていくわけですね。私はアキバネタでも牛丼ネタでも食えるからいいんですけど、経済評論一本でやってきた人たちは干されたら飯が食えなくなる。そうすると体制側に寝返るしかないんですよ。吉田さんだって、十年前くらいに新自由主義を支持する文章を発表していたら、いま、大金持ちですよ。

吉田　アハハ。なんか悲しいね。

Ⅳ　アンチ新自由主義の人間像

新自由主義者をすべて山手線の内側に閉じこめる

吉田　もはや新自由主義に対するアンチテーゼはないんでしょうか？　その可能性を、僕は中国やインドなど、これから経済大国化していくであろう国の中産階級の形成に見たんですけど、森永さんはその芽はないとおっしゃった。それでも、何か我々は、金融資本主義に対峙する、あるいは金融資本主義とは全く別の道を歩むための価値観を探ってゆく必要があるのではないでしょうか。

森永　ある部分では金の亡者が跋扈するのはしょうがない部分はあるんですよ。私たちの生活が、世界経済とつながっていますから。私はね、こんなことを思い描いているんです。金の亡者たちを皆殺しにするわけにいかないので、こうなってしまった以上、金の亡者、新自由主義者を全部山手線の内側に住まわせて、そこをまるごと、煩悩の塊の街にする。ドイツがモデルなんですけど。ヨーロッパの金融の中心フランクフルトを出た電車が森を抜けると、そこから先は田園風景が広がっているんです。そこには悪いヤツがいない。そんなイメージなんです。だから悪いヤツを、悪いばい菌が出て行かないように森で取り囲んで隔離して、一般庶民に感染させないようにするというのが、日本にとっていちばんいい国造りだと真面目に考えています。

吉田　それ面白い。金融ランドね。それで、江戸時代のように四カ所にお寺建てましょうよ。上野の寛永寺だとか、芝の増上寺だとか……。邪悪な気が漏れでないように封印しておくんです。

森永　封印された山手線の内側では、何をやってもいいんです。人が道で倒れていてもみんな踏みつけていく。倒れた人間が悪いという徹底した自己責任社会。でも、山手線の外側には、道端にお地蔵さんがいて、困った人がいたら声をかけて手を差し伸べるような、優しい思いやり溢れる街が広がっている。これが折衷案としてはみんなが幸せになれる方法だと思います。山手線の内側の人たちが、競争に疲れ果てて、悔い改めたら、地方の人が受け入れてあげる。

吉田　いま森永さんが言ってるのは、麻生首相が言っているのと逆のことですよね。麻生太郎は竹中平蔵と対立していたけど、日本の国内では日本的経営、長中期的なモノづくりを丁寧にやっていき、世界とつき合う場合は、グローバル基準でやっていけばいいと。その逆ですね。グローバルな金融資本主義者を封じこめちゃおうと。

森永　ここに重税を課すんです。

吉田　関税ゼロじゃなくて？　それじゃ牢獄じゃないですか。

森永　そのくらいしないとすぐ暴走しますから。

吉田　いまの森永さんのアイデアは本当に面白いんですが、実現の可能性は……（笑）。それで気になったんですが、少し前、森永さんがお書きになった『年収崩壊』（角川ＳＳＣ新書、二〇〇七年）のことなんです。森永さんらしくないところもあるように思うんですが。『年収300万円時代を生き抜く経済学』で提唱されたラテン系のノリがないでしょ。デフレ自殺者三万人の時代に、森永さんは、アルゼンチンの人たちはどんなに生活が大変でも決して自殺しない。楽天的だと言って、「ラテン度指数」という考え方を書いた。日本のサラリーマンは「勝ち組」志向をやめて、ヨーロッパの普通の人たちのようにスロー・フード的価値観に切り替えるべきだとも書いた。田舎暮らしに戻るのもいいじゃないかと。少しくらい食えなくたって、仲間で持ち寄れば割安で楽しいパーティがやれるじゃないか――ラテン系でいこう！　って言ってたじゃないですか。そういう金融資本主義の暴走に軽やかに、しなやかに対抗するのが、こんどの本では二宮尊徳的な倹約、ちびりちびりみたいな。電気はこまめに消せとか、スーパーの安売りの時にラーメンや餅の保存食を買い貯めろとか……あの感じというのがどうも……。二宮尊徳的な考え方が、今の世の中にぴたっと合い過ぎていて。僕だってしっかり倹約生活してますもの。新宿の「はなまる」うどんで一杯一〇五円の昼食しかとらないんですから（笑）。『年収300万円時代を生き抜く経済学』を出された〇三年頃は、ラテン系なんて言ってもね、なんて思っていたんだけど。でも、いまこそ、『年収300万円時代～』で提唱されたような人間らしいまとまりというか、ブロックが必要な気がするんです。

森永　そうなんですけど、非正規雇用の人の年収が一二〇万円時代にまで下がっているでしょ。そんなこと言っていられないくらい追いつめられた状況なので。

吉田　それはわかるんですけど、ラテン的な価値観に向かって動かないとしょうがないのでは。そうしないと次の段階がこないという気がしていて。ラテン系の考え方こそが、いまぴったりくるんです。いま、夢に向かって動かなければどうするんだという。もうひとつお話したかったのは、こういう時代の新しい人間像をどう描くのかということなんです。

森永　いまの話とからむんですが、私がずっと主張してきているのは、穏健な社会民主主義なんです。モデルはヨーロッパなんです。ただ、国によっては金融資本主義にどんどん侵食されているんです。ドイツも新自由主義にどんどん食われているし、フランスもそう。以前、『サンデープロジェクト』にでたとき、田原総一朗さんが、いきなり「森永さんは社会民主主義者なんだって？」と聞いてきたから、「そうです」って答えたんです。そしたら「へ」ですって。どうも社会民主主義者は風前の灯でね。この間、社民党の党首・福島瑞穂さんと話していて、あなたは社会民主主義ですよねと聞いたら、「私は市民派だ」って。わけのわからないことを言っていまして。

吉田　社民党が社会民主主義放棄してドースル？

森永　冗談はさておき、意外に金融資本主義にやられていないのがスペインだとか、ポルトガルだとかイタリアなんです。地中海沿岸の国や地域は新自由主義に侵食されていないんですよ。もしできるなら日本は南ヨーロッパ型の社会民主主義っていうのが、唯一生き残れて、国民が幸せになれる社会のもっていき方だと思うんです。私、〇四年に、アテネオリンピックの取材に行っていいなと思ったことがあります。オリンピックの期間中、アテネ市民はほとんど市内にいなかったんですね。ホテル代が高騰しているので、自分のマンションを外人観光客に貸して、郊外に行くんです。私も郊外に行ってみたら、八〇代くらいのおばあさんが派手な水着を着て、エーゲ海でぷかぷか浮いている。バカンスを楽しんでいるんです。そのときにアテネの人に言われたのは、日本人は死ぬほど働いて、所得がおれたちの倍くらいあるかもしれないけれど、ちっともうらやましいと思わない。おいしい料理とワインと、きれいなおねえちゃんがいたら何もいらない。それで経済は回っているわけです。イタリアだって高いものを着て、非人間的労働でコストを下げるというのではない生き方を選んでいる人が多いんです。

オタクカルチャーを主力産業に

森永　生産性の上げ方にはふたつあって、インプットを下げて、賃金コストをカットする方向と、アウトプットを上げる方向とふたつあるんです。アウトプットを上げる方向に国のあり方を変えていく、わくわくドキドキしないと、そういうものってつくっていけない。日本にそういうものがないかというと、産業政策を間違えているだけだと思うんです。オタクカルチャーを主力産業に育てていけばいいんです。私の事務所に飾ってある絵も、まだ無名の人が描いたイラストなんですけど、ものすごい才能を秘めているんですよ。でもつけられた値段はまだ安くて、原画が一枚一〇〇〇円なんです。そんな才能を持った人はたくさんいるんです。私はこうした感性というのは日本人しか持っていないと思うんです。オランダのジャーナリスト、カレル・ヴァン・ウォルフレンと対談したときに、彼が絶対に理解しなかったのが、〝かわいい〟というコンセプト。これがオランダ人には理解できないんです。でも、かわいいがわかる人は、アジアにはいっぱいいるし、ヨーロッパにも一割くらいいるんですよ。ここはね、日本が圧倒的優位に立てる分野なんです。イタリアがローマ時代からの伝統を持って、アートの世界で世界を席巻しているのと同じように、かわいいものをつくる。かわいいというのは全部に存在しているんですよ。アメリカ人もヨーロッパの人も、日本人のようには〝かわいい〟を形にできないんです。

吉田　オタクが次代の産業の主力になる可能性があるというわけですね。シリコンバレーにコンピューターの取材に行った時に感じたのが、オタクがコンピューターの技術革新を担っているんだなということでした。九五年当時、アップルでＸｂｏｘというニュータイプを開発している技師に、日本にはオタクという現象があるという話をしたんです。それは何だと聞かれて、オタクについて説明したら、それは我々の中にもあると言うんです。ギミック（しかけ、けれん）という言葉を使っていましたけれども。

森永　技術者はみんなオタクなんですよ。ある意味で。だから、オタクの潜在力を産業の力にしてゆくという方向で国を変えていくというのが、金融資本主義に食いつくされた焼け野原の後、もう一度日本が経済を立て直すときの鍵になるのかなと、私は思っているんですけど。

吉田　そういう、かわいいとか、ジャパニメーションを生み出したオタク文化の生みの親は誰か。引きこもりのオタク文化ってものは、日本のバブル資本主義が作り出していった歪みのような側面も持っているでしょ。その歪みであるものがいま、日本のオリエンタルな価値、財産に変わりつつあるんだと思うんですよね。原宿ファッションがヨーロッパではTOKYO「KAWAII」（可愛いい）のブランド価値をもっちゃうとか、ジャパン・クールと言われて。でもそれを主力産業にシフトするという話にまでもっていっていいのかなと。少しオーバーじゃないかな。なんだか森永さん、あなた、さっきの麻生太郎の日本型資本主義に続いて、日本の漫画、アニメは「世界に冠たる文化」と叫んでいるアキバ系「太郎ちゃん」の姿とダブルイメージに重なって見えますよ（笑）。

森永　すでにマーケットとしては、結構大きいものになっているんですよ。

吉田　市場があるんだ。

森永　秋葉原にその萌芽があるんです。秋葉原は昔から、時代の一〇年先を行っているんです。あそこは戦後、闇市から発生しました。ラジオ会館は、野っ原にテント張って真空管を売っていたのが始まりなんです。一九六〇年代になって、家電の街になって、七〇年代にオーディオの街になって、八〇年代にマイクロコンピュータの街になってくるんですね。九〇年代にマルチメディアの街になって、二〇〇〇年以降はまさにオタクの街になっているというか、萌え文化の聖地になっているんです。次々と主役が交代しているわけではありません。終戦直後からの秋葉原の歩みが重層的に重なっているんです。上に積み重なっていくから、アニメマニアもほとんどの場合コンピューターにも詳しいし、家電製品にも詳しい。そこが私、日本の財産だと思うし、そこが常に一〇年後の日本の主力産業になってきたんです。家電製品が日本の主力産業になるのは七〇年代なんですね。マイクロコンピューターが出てきた一九八〇年代というのは、いまで言うパソコン少年たちは怪しい目で見られていたんです。当時、アセンブリー言語というのしかなくて、十六進数の数字をパタパタ打っていたんですから。当時は変態扱いだったんです。でも、その彼らがいまのＩＴ社会を支えているんです。だからいま、オタク文化を支えている人は変態扱いされているでしょ。私、〝萌え〟っていうのをイメージが落ちるから使うなと所属事務所から言われたことがあるんです。でも、だいぶ市民権を得てきましたね。

彼らの世界というのは、金融資本主義とは無縁の世界なんですよ。〈秋葉原オタク内循環ブロック経済〉みたいなのが起こっていて、そこでは供給者と需要者が一体なんです。たとえば、フィギュアを売りますよね、フィギュアを売った人がメイド服を買うわけです。メイド服を売った人って、供給者は最大二、三人なわけですよ。ここには、〝資本〟が入ってきませんね。実はアキバ系の人たち、白い目で見られるんですけど、彼らほど優しくて、誠実で、努力家で、真面目で、法令遵守な人たちはいませんよ。メイド喫茶で一時間待ちになっても、黙って、店の外でらせん階段のところでじっと待っているんです。彼らは自分たちが傷つけられるのがいやだから、人を傷つけるのもいやなんですよ。自分たちが支配されるのがイヤだから、人を支配することもいやなんですね。新自由主義の人たちは、支配されるのはイヤだけど、人を支配するのが好きなんです。人生観の根本が違うんですよ。世界を平和にしていくというのはそういうことなのかな。彼らがもっている優しさって、たとえば、どうして、そんな循環経済が成立しているかを考えればいいんですよ。ガレージキットって、三〇個くらいしか作れないんですよ。彼らはそれを売って利益を得ようということではないんです。自分の作品を仲間と共有したい。感動を共有したいというのが制作の動機なんですね。だから、共同生産共同分配の原始共産制みたいなものが、あそこに存在しているんです。

吉田　それこそが、いまの新自由主義、グローバル経済に対する最も鋭い批判になっているわけでしょ。グローバル経済時代に生み出されたモノのほとんどは、需要と供給がわけのわからないくらい離れているわけでしょ。だからA地区で欲しいものは以前ならせいぜいB地区かC地区で作られていた。しかしいまは世界中探して最も工賃が安いZ地区の工場で作られる。AとZはなんの関係もない。それを買う消費者の顔なんて全然見えない。だから「他者」のために安全で役立つものを作るという意識が成立しない。低賃金に耐え、ただ作るだけ。だから中国の〝毒入りギョーザ事件〟みたいなのが日常的に起こる。その距離こそが矛盾なんでしょ、グローバリズムの。

森永　ええ。だから、形を変えた民主主義と言ったらいいのかな、お互いの顔が見える距離で売買が成立している。共産主義が最終的なゴールとして目指していたようなものが秋葉原に立ちあがっているんですよ。

吉田　なるほどね。面白い。

中央線沿いの無数の反乱

吉田　どうして、森永さんのラテン主義が今の時代こそ必要なんだと言ったのかというと、私自身、いまおっしゃったことと同じようなことを感じることがあったからなんです。中央線沿線に、かつての下北沢文化のようなものが、ブワーッと、ワーキングプア層のデモやるヤツだとか、ファッションだとか、奇想天外な反権力＝反管理のパフォーマンスが百花繚乱のように広がっているんです。食えないヤツがいろんなことをやっている、そういうのが「自由だ。自由だ。自由をわれらに！」って、この新自由主義の時代のド真ン中で叫んでる（笑）。「家賃をタダにしろ！」とか「撤去自転車を返せ！」とか。新宿のロフトプラスワンのオーナーの平野悠さんが、中央線の阿佐谷に新しいトークライブハウスを出したんです。なぜ阿佐谷なのかというと、中央線沿いに素人の反乱、反乱にもいろんな形があるわけだけど、無数にあるんですって。そういう都市下層、下流に浮遊する、鬱屈するエネルギーを引きつける拠点をつくりたいという思いがあると言ってました。そういうグループにもっと出会ってみたい。というのもね、そういう流れの中で反体制知識人・ファッシスト革命家を自称する外山恒一さんが選挙に出て、その政見放送のコピー見たのね。久しぶり腹抱えて笑った。すばらしい……って。

〈有権者諸君！　この国は最悪だ。こんな国は滅ぼせ。私には建設的提案なんかひとつもない。いまはただスクラップ・アンド・スクラップ、すべてをぶちこわすことだ。諸君、私は諸君を軽蔑している。このくだらない国を、そのシステムを支えてきたのは諸君だからだ〉

一万五〇五九票を集めて落選しちゃったんだけど、ねっ、森永さん、面白いでしょ。

森永　その根っこのところが、新宿・歌舞伎町のロフトプラスワンですよね。私も三回呼ばれたんですけど、もう、すごい熱気。女の子と付き合ったことのないオタクたちがもうぎっしりいて。私を紹介する前に司会者が、おう、みんな童貞か?!　って言うと、会場がウワッて。これが今なんです。新宿があって中野があって、阿佐谷や荻窪があって、一番ケツは青梅の昭和の町なんですよね。それぞれ特色はあるんですけど、だーっと、もちろん京浜東北線とか別の方向の展開もあるんですけど、一番強いのはあそこのラインなんです。そこにね、ある意味で幸福はあるんですよ。

吉田　そうなんですよ。集まってくるヤツは明日どうすんの?　みたいなヤツもたくさんいるんだけど、集まってはヤアヤアといって楽しんでいるわけですよ。

森永　私は一億総アーティスト化がいいと言っていますが、アーティストなんですよ、それぞれが。そこで新しい文化の芽が生まれはじめているんです。どこが当たるかはわかりませんよ。ただ現実にそれが芽吹いて花を咲かせ、実を結ぶためには、膨大な創造性の海がないといけない。

吉田　そうそう。

森永　とにかくいろんなところから、ぽんぽんと出てくる。そうした土壌がいまできつつあるんです。他人を支配することでしか喜びを感じられない人、竹中グループみたいなどろどろしたものがいっぱいあるんですけど、そういう人たちが決して手に入れられない世界っていうのが、実はオタク文化の世界なんですね。だって資本なんていらないんだもの。私、それでいいのかなと思って。

吉田　現実に対するアンチテーゼであればぜんぶ反乱なんですよ。反乱の仕方なんてどうでもいい。話を聞いていて面白いなと思ったのは、秋葉原のオタクたちは、需要と供給のしくみを、ものすごく近い距離でつくっているという。これも反乱のひとつの形でしょ。

森永　そうなんですよ。私、アーティストの村上隆さんと対談をしたことがあるんですけど、この〈秋葉原オタク内循環ブロック経済〉の唯一の弱点が、外部、つまり日常生活を支障なく送るために必要なお金をどう得るかということなんです。だって、オタクだって飯を食わなければならないし、アパートも借りなければならない。オタク経済の資金循環に外からお金をもってこないと、これを回し続けられない。私は村上さんに、あなたがやるべきだろう。村上隆の作品はサザビーズの競売で一億円で落札されるわけですよ。金融資本主義者やアラブのオイルマネーとかユダヤマネーとかが買っているんです。それはそれでいいじゃないかと。金の亡者たちの金を村上作品を通じてどんどん秋葉原に流し込んでいくというのが新しい世界秩序だなんていっているんですが、そういうのができるといいなと思うんです。オタクたちは、村上さんを金にすり寄ったと批判するんですけど、私はそういう人も必要だと思うんです。秋葉原オタク内循環ブロック経済を回していくためには。

吉田　だからいまこそ、森永さんのラテン系人間のサークル活動やサロン的結合が身近になってきているというか、大事になってきているんですよ。

森永　私はいま見えている可能性の一番大きなものが、この〈秋葉原オタク内循環ブロック経済〉的なありようだと思うんです。ダメだダメだと暗くなっていたり、萎縮しているところからは新しいものは絶対に生まれないんですよ。常にクリエイティブなものが生まれる背景には、わくわくドキドキするものが必要なんです。イタリアにはそれがあるから、化粧品でも香水でも工芸品でも服でもバッグでも感性にあふれた、妖しい魅力をつくりだせるわけです。

オタクはアンチ新自由主義的人間像

吉田　まあアキバ系で日本経済がどうこうできるって話じゃもちろんないんですが、そのラテン系というか、イタリアなんかの地中海経済って、よく考えてみたら近代資本主義の揺籃の地でもありますよね。ベネチアの商人たちが十字軍を経済的に支えて、イスラムとの戦いをやらせて大もうけしたわけでしょ。船を出し、商隊を組ませ、武器を造って売り込んで。『十字軍と黒死病』(矢島均次、同文舘出版)を読むと、十字軍とイタリアの教会と手を組んで金もうけしたのは、ベニスの商人たちなんです。資本主義はそこから始まってゆくという。それからもうひとつ面白いのは、簿記の誕生。資本主義を支える基本中の基本技術ですよね。これもベニスで生まれてる。経済生活上における合理的計算技術としての「簿記」が、十字軍行動の結果引き起こされた新しい発展的経済体制に応えて生まれてきたものだと書いてますよ。戦争経済の副産物として近代資本主義が誕生したわけです。

森永　イタリアルネッサンスの時代、メディチ家が芸術家のパトロンとして彼らの生活を支えていましたよね。それはなぜかというと、中世のヨーロッパは教会の倫理によって、金利を取ることが禁じられているんですよ。メディチ家は銀行業を営んでいて、キリスト教の倫理を破っているわけです。教会に銀行業を黙認してもらうために、メディチはどういう戦略をとったのか。献金するわけにはいかないんです。倫理に反するから。そこで芸術作品を教会に寄付するんです。芸術は金で評価できないので違反にならないんですね。そうやって芸術家を支援しているふうに見せて教会を取り込んでいきました。善意でやっていたわけでもないし、芸術を愛していたわけでもない。ただ、そうやって副産物として誕生したイタリアの芸術が独り立ちしていって、いまのイタリアの強い感性に基づく強い競争力を生み出しているんです。いま産業として育つ可能性を秘めている、オタク文化もその構造と似ているんです。

吉田　オタク文化が、バブル経済の副産物だということでしょ。

森永　そうです。日本のオタク文化を産業として育てようと思っていた人は誰一人いなかったと思うんですけど、それが、弱肉強食、新自由主義のアンチテーゼとして確立しはじめている。私、彼らといっしょにいると理屈抜きに楽しいんですよ。実はオタク文化がアジアにどんどん広がっているんです。さっき話したように、中国で抗日デモが起きて、中国の若者たちが上海の日本総領事館に石投げているときに、私、上海の秋葉原みたいなところにいて、中国人とアニメの話をしていたんですけど、盛り上がって、その中国人と抱きあっていましたからね。日本人は外出すると危険だと言われたときに。ミニカー屋では、僕がずっとショーケースの中のミニカーを欲しそうな目をして見ていたら、そこの親父が、おまえはスペシャルだから、これを全部譲ってやると、譲ってくれたんです。私、中国に行くと尊敬されるんです。なぜですかと聞くと、あなたはアニメ文化の聖地から来た人だからって。日中友好なんですよ、オタクの世界では。

吉田　中国に「憤青」って、怒れる若い世代がいるでしょ。憤青のなかのある部分は、日本を批判しているわけだけど、実はアニメオタクたちがたくさんいるんですよね。僕、あの麻生太郎にインタビューしたときに、麻生があんまり中国の悪口言うもんだから、あっちの若い世代の中に漫画オタク世代がいて、『シティーハンター』読んでた女の子がはじめて日本を訪問して新宿駅東口に立ったとき「あまりの感激で『わあっ』と泣き出してしまった。ここに?（漫画の主人公が）いたんだと……」ってエピソードがあるんです。その話をしたら、太郎ちゃんが、そうだろ、そうだろと大喜びして。最近出た『中国動漫新人類』（遠藤誉）によれば、中国における日本動漫（漫画とアニメ）ブームは一九八〇年代初頭の『鉄腕アトム』の放映から始まり、若者や子どもが気軽に購入できる安価な「海賊版」ルートで拡大したらしい。女の子は『セーラームーン』ごっこ、男子は『スラムダンク』で中国全土に一大バスケブームが起こる騒ぎ。つまり日本動漫の描く「恋愛やセックス、友情、スポーツに音楽、ファッションといった日常生活の楽しさは、社会主義国体制の中では味わうことができなかった」が、それを知った欲望はもう後戻りはしない。だから日本動漫はどんな革命的思想よりも強く、個の内面（欲望や自由）を自己主張する〈民主主義への道〉、一種の文化革命を大衆に提示したのだと書いているんです。チョット話が大げさかも（笑）。

森永　だからそれを一大勢力に、それこそグローバルな勢力に育てていくということは充分に可能ですよ。

吉田　中央線沿線の若者たちの話になりますが、「素人の乱」といって、冬の季節は駅前でコタツの鍋《なべ》パーティをやってヒマ人大集合の大騒ぎやるとか、ハプニングデモみたいなことをしている連中がいるんですけど、彼らも〝グローバル〟な体験をしているんです。彼らが自分らの「家賃タダにしろ」デモなんかを撮った映画をつくったんです。中央線沿いのいろんなリサイクル電化製品やグッズを売っているようなところでドイツ人と出会うんです。そのドイツ人が国に帰るときに、おまえたち面白いから、ドイツにその映画を持ってこないかといわれて、ドイツにまで出かけて行くんですよ。どさ回りなんですけど、そちこちで上映して大歓迎されて帰ってくるんです。金全然ないワーキングプアのやつらが、ドイツにもそういう層がいるそうですが、彼らと交流して帰ってくるような。こういう日欧貧困環流帯の形成ってすごく面白いですよね。なぜなら彼らは経済効率をほとんど考えないアンチ新自由主義的人間像ですよ。カネカネカネの現代日本の潮流に取り込まれない〈外部〉を無意識のうちに形成している。日本の中の異文化、アンチテーゼの一要素になっているから面白いんです。いま世界中が経済グローバリズムを通じて平準化＝マクドナルド化されていくって理論に反論できない状態だが、ホントにそうか？　ネットやグローバリズムは同質性だけを運ぶんじゃない。異質性もそのままホット・パッケージにして送り届ける。たとえば、それは「人間」という異質性だ。キミとボク、アナタとワタシは絶対異質だ。同じコピーではあり得ない。遺伝子的に言ったって。だから互いに惹かれあい、愛し合い、互いに足りない部分を補い合う、協働することに喜びを感じるのだ。だから外来人間という異質性の往来と滞在、すなわち「移民」は日本の新自由主義的閉塞を打ち破る〈外部〉になり得ると私は思うんです。移民の自由化は、人種差別の温床だと森永さんは反対しますが、日本の中に異文化、異質な〈外部〉を作ることは必要なんです。日欧環流で中央線沿線にヨーロッパを作ることだって不可能ではない。人々の移動がそれを可能にする。私の中ではいま「オタク」と「世界移民」とは同一位相にあるんです。日本の中に〈外部〉を作る……多様な価値観社会を作ることによってカネを持ったものが上流であり、より高貴であるかのような新自由主義的人間像と対決しなければならないと思うんです。それがいかにドンキホーテ的言説に見えようとも。

森永　ドイツの本屋に行くと、漫画の描き方という本がずらーっとあって、ドイツの中でものすごい力を発揮しているんです。結局日本文化の中でものすごい力を発揮しているのはそこしかなかった。やっぱりね、日本の漫画が進化をし続けてきた結果なんですよ。『鉄人28号』の時代は勧善懲悪だった。それが『鉄腕アトム』になると、戦う前に必ず、相手を説得するんです。やめよう、戦うのはと。どうしてもだめな時だけ戦うんです。『機動戦士ガンダム』になるとアムロはなんで戦わなければならないんだと悩むわけです。『新世紀エヴァンゲリオン』は最初から最後まで戦うよりもほとんど悩んでいるんです。主人公の心の中は、それを支えている人の心情をすごく反映しているんですよ。正義が悪をたたきつぶすという単純な思想じゃなくて、世の中にいろんな人がいて、どっちが悪と一律には論じられなくて、やっぱり戦わずにすんだらそれが一番だというのが、心の奥底にあるんですね。彼らは、ものすごい平和主義者なんですよ。ところが新自由主義者はとにかくたたきつぶせなんですよ。

真面目にコツコツやる人間が軽視される危機

吉田　森永さんの中には、アメリカ型「弱肉強食」の新自由主義経済に対抗するヨーロッパ型「福祉重視」の社会民主主義モデルというのがありますよね。そして森永さんはオタク世代の〈優しさ〉にとても惹かれていらっしゃるが、ヨーロッパ社民主義の本質もその〈優しさ〉にあると主張する人もいるんですよ。

〈ヨーロッパ人は弱者に優しい、人間の顔をした資本主義こそ正当な資本主義であり、自分たちはアメリカより優れた社会を築いていると信じている。……ヨーロッパ人は個人が金銭的に豊かになるよりは、一人一人が世のため人のために尽くして、より良い社会を築く方が大切だと考えている。二〇〇〇年にEUが行った世論調査では95%のヨーロッパ人が「他人を助けること」に最も価値があると考えていた。……「自分の金儲けの方が大事だ」と答えた人は、半分以下だった。（中略）ヨーロッパ各国はそのようなヨーロッパこそ、西洋近代の限界を超克した21世紀における西欧文明の正しい、新しい姿であると確信している。軍事力や経済の国際競争力でアメリカに見劣りしてもかまわない。自分たちの方がより優れた、結束力のある社会構造を造っているのだと確信している。……ヨーロッパ精神の神髄はここにある〉（『アメリカ型資本主義を嫌悪するヨーロッパ』福島清彦）。

ねっ、森永さんの目線に非常に近い。だけど、こうしたヨーロッパ社民モデルがそのままこれからの私たちの日本の進むべきモデルに置き換えられるかとなると、かなり疑問がある。というのも、それほど現在のEU圏に未来があるのか、はっきりしないからです。『ヨーロッパ市民とは誰か』という本の中で、著者のエティエンヌ・バリバール（カリフォルニア大学アーヴァイン校教授）は、EU圏のヨーロッパ建設が「もっぱら通貨、行政、法規の統合と、軍事統合の進行」に基づいており、ヨーロッパ市民という国家横断的な「新しい民衆の姿を集団でつくり出すことができていない」と述べています。世界金融機関の会議を取り囲む多国籍デモは出現したが、国家横断的なヨーロッパ建設をめざす政党や社会運動は存在しないと。あのバルカン戦争（コソヴォの虐殺）のとき「セルビア軍や民兵によって身分証明書や戸籍証明を破棄されたコソヴォ難民に『ヨーロッパ人身分証明書』を発行することもなかった」。これが現在のEU社民主義の現実でもあります。バリバールは、新しい政治共同体としてのヨーロッパの建設は、ヨーロッパ市民（民衆）を受益人とする開かれたプロセスでなければならず、そのためには新しいヨーロッパ「憲法」を作らねばならないって言ってるんです。しかもそれは自分たちで「手仕事でつくること」からやる以外にないと。森永さん、私たちも新自由主義に対抗する新しい人間像を「手仕事でつくる」ことから始めねば……ですね。

新自由主義者の人間像って、端的に言えば、最小の努力で最大の利潤を上げる。そうすると、高度成長期に流行った、植木等の歌を思い出すわけね。コツコツやるヤツはご苦労さんと。ああいうのをC調人間と言ったでしょ。そうすると、新自由主義はC調人間が理想なんだね。C調人間ばかりがはびこる世の中に対して、つまり最小の努力で最大限の利益を得るという価値観が、本当に人間を人間たらしめているのかという問いつめを私たちは、やらなければならないということなのね。

森永　私は、植木等さん、ああいうふうに言っていたけど、あれは痛烈な皮肉じゃないのかなと。やっぱり、実は真面目な人だったし、高度成長期の日本人も全員が無責任男だったわけじゃなくて、日常、真面目にコツコツやっているから、ああいう非日常の植木等さんの馬鹿な無責任男というのが受けたんだと思うんですよ。

吉田　ただ、あの時無責任だといわれていた人間が、いまや普遍的な人間像になっているわけでしょ。でね、そうしたことがいまの日本の市民生活、治安をスゴクおびやかす原因になっていると思う。若者の殺人事件が連続するのもそれに関係があると思ってね、例によって東京新聞のコラムにまた書いちゃった。見てください（笑）。

〈「誰でもよかった」無差別殺人が連続する。①通行人など八人を殺傷した茨城県土浦市の事件②JR岡山駅のホームから見知らぬ人を突き落とした事件などだが、世の中はこれらをみな狂気の果て、理解不能な不条理殺人扱いしているようだ。でもホントにそうか？／①の金川容疑者は「おれは神だ」「自分を終わりにしたい」とメールに残した。犯罪者が「神」を名乗るのは、『罪と罰』のラスコーリニコフの昔からのパターンだ。／「人間は凡人と非凡人に別けられ、非凡人は既成秩序を踏み越える権利を有する」（ドストエフスキー・父殺しの文学）と。それにワーキングプアで「俺たちに明日はない」ニッポンを、「終わりにしたい」と妄想する人はいっぱいいる。／「希望は戦争」と名言を吐いた若者もいたじゃないか。むしろ「誰でもいい」の論理がナゼ流行るのかを……考えるべきだろう。すなわち「誰でもいい」はひっくり返すと「物語の主人公はわたし」という意味になる。／他者は殺される通行人という端役が与えられるだけ――こうした考え方は、新自由主義や新古典派の経済学の典型「合理的経済人」（自分の利益を最大限にすることを唯一の基準として行動する）を想起

させる。他人の痛みを理解しない人間像だ。そう、無差別殺人とこの経済学の世の中は通底している〉（二〇〇八年四月四日）

森永 そうそう。それが主流の人間像になりだしたのは、すごく危機だと思うんです。真面目にコツコツやる人間がないがしろにされていくというのが、新自由主義の大きな特徴なんです。衆議院議長やっている河野洋平が自民党総裁選挙で小泉と闘っていたときに、小泉をこう言って批判するんですよ。一部の金持ちたち、金を右から左に動かすだけで、巨万の富を一夜にして生み出す一方で、伝統産業や物作りだとか、そういうところで真面目にコツコツ働いている人が、経済的にどんどん追いつめられてゆく世の中を私は正しいとは思わないと、毎日新聞に書くんです。それで私は河野洋平は偉いと、この人こそ、自由民主党の総裁になるべきだとあちこちで書いたんですよ。ところがその後、何を裏取引したのかしりませんが、小泉総理の経済政策は根本において私と違うところはない、と言って衆議院議長になる。もうそれで河野洋平許すまじと思って、あちこちで悪口を書いたんです。そしたら巡り合わせって悪くて、神奈川のどこかで講演会があって、そのとき私の前が河野洋平だったんです。すれ違いざまにぱっと、私、どうも……と言ったんですが、憮然として去っていった。こいつ私の書いたものを読んでるなと。まあだいたい、悪口書いてると読むんですよ。

まあ、そうやって寝返っていったんですよね。私は自由民主党は田中角栄、経世会支配の時は腐敗はしてたと思うんですが、平等主義だったし、平和主義だったと思うんです。そこががらっと変わっていっちゃったということ。

アダム・スミスが新しい

吉田　いまの新自由主義を批判するのに、小泉改革が進めた小さな政府づくりが槍玉にあがりますね。小さな政府を最初に言い出したのはアダム・スミスですよね。だけど、アダム・スミスが言っている小さな政府というのは、封建領主と国家権力からの過剰な介入を阻止するために、民の暮らしに任せておけばいいんだと。政府がやることは小さなことでいいんだということで、むしろ、民の暮らしに介入する大きな権力あるいは政府を否定するために、小さな政府が必要だと言ったんであって、新自由主義者の言う小さな政府とは、全然意味が違いますよね。それから、もともと国富というのは、民衆の暮らしを利するものを指して言っているわけでしょ。金銀財宝を言っているわけではなくて。アダム・スミスにとって「富の実体は生活必需品、便益品、娯楽品であった。したがって、金銀そのものは決して富の実体ではなく、その貨幣で購入される消費財が富の実体であった」（『スコットランド経済とアダム・スミス』関劭）てなもんですよ。貨幣を「富の実体」と見る重商主義的貨幣論を批判して、それは単なる「交換・流通手段」以上の意味を持たないと言ったんです。小泉改革が言っているような浪費、重商主義が言っている浪費、つまり、過剰な消費こそが国民経済をだめにすると言ったのが、アダム・スミスでした。ましてや、石油買い占めの独占価格で異常な原油高（ニューヨーク市場の市場最高値）を作り、穀物を買い占め世界的な飢餓状態を作り出している、今日のヴァーチャルな金融資本主義のレッセ・フェールには、あの世でスミスは腸が煮えくりかえる想いだと思いますね。だから新自由主義を批判する思想的根拠は、マルクスよりも、いまアダム・スミスが新しいんですよ。

森永　でも、昨日、NHKのテレビ見ていたら、中国人経営者のところにNHKのスタッフが行ってね、そしたら『国富論』読んでいるんですよ。面白いことにその解釈が吉田さんと真逆なんですよ。NHKのスタッフが、『国富論』を読むことは共産主義イデオロギーに反するんじゃないですかって聞いたら、いいんだよ。金儲かりゃ、何だって。中国もめちゃくちゃなんですよ。

吉田　『国富論』をちゃんと読めば、小泉改革以後の批評軸、全然違うんですよね。二木啓孝さんと新自由主義時代における人間像の話をしたことがあるんですが、二木さんは、アダム・スミスが言っているのは、資本主義は交換価値ですべてが語られてきたけれども、交換できない存在価値があるということを一生懸命、言っているんだと。

森永　そうなんです。だからそれを全部取り除いたのが、新古典派なんです。

吉田　ああ、なるほど。いまそれをどう表現していいかわからないんだけど、今考えているのは、交換できない存在価値、それこそが人間なんだと。そういうものを、どう表現していいのか、『国富論』読んで、お互い悩んでいるという話になって。その意味でドイツの左派党ってのが「ブルジョアは人間の尊厳を交換価値に変え……、良心なき商売の自由と取り替えた」というマルクスの『共産党宣言』を復活させるという話（東京新聞、四月一五日）は、ナルホドそっちはそういきますかと（笑）。

森永　そこが理論的に難しいところで、なかなか理論化できないんですよ。

吉田　それを森永さん的に言えば、オタク論みたいなものとクロスすることはできないかと思うんです。

森永　だから、オタクの世界のなかでは、それができているんですね。私、中国語も韓国語もしゃべれないんですけど、中国に行っても韓国に行っても、オタクとだけはコミュニケーション取れるんですよ。まったく問題なく。バックグラウンドがいっしょだから。

吉田　同時に、スティーブ・ジョブスやウォズニアク、ビル・ゲイツら米国電脳オタク世代が九〇年代にシリコンバレーでＩＴ経済の最先端をつくりだしていった、創造力の根源でもありますよね。

森永　そうなんです。だからそこのところが、もしかすると新自由主義者にとって最大の脅威なんです。だからオタクつぶしにくる。変態扱いする。だけど、変態はやつらの方なんです。金にしか興味がないから……。

吉田　シリコンバレーのオタクから始まっていった、あいつらの創造力を潰していったのは、シリコンバレーに入り込んだファンド・投資会社の面々です。オタクの〝自由なる遊び人〟の世界を、株主に奉仕するベンチャー企業に変えてしまった。

森永　そうです。ＩＴバブルが典型なんですが、ＩＴバブルは金融資本が起こして崩壊させて、ＩＴなんてロクなもんじゃない、ということになった。でもＩＴは我々の生活の根底から大きく変えていった。世界とつなげられるようになった。グローバリズムを主張しているヤツはアメリカとイギリスとしかコンタクトがないんです。

私の友達で、ペットボトルの蓋を集めている人間がいるんです。いろんな分野にいるんですが、長野に住んでいる人は、世界中のペットボトルの蓋のコレクターと交換やっているんですよ。ほんとうにグローバルなんです。トレードOKって自分のホームページに書いているんですけど、南米だとかアフリカだとかあらゆるところから、彼にコンタクトをとってくるんですよ。彼はペットボトルの蓋だけで四六〇〇種類持っているんですね。国内では絶対に不可能なんです。国内では一二〇〇種類くらいしかないんです。いままでのもの全部集めても。彼こそが本当にグローバルに活躍している人なんです。いままではありえなかったことが起こっているんです。戦後の日本人で、世界中の人たちと同時にコンタクトをとるということは個人ではありえなかったわけです。でも、オタクの世界というのはそれが成り立っているんです。この小さな蓋、これがアートなんです。小さなキャンバス。いかに自分の感性を詰め込むかという。なかなか理解されないんですが。いろんな分野でこういうことが無数にあるんです。いまの金が全てだという新自由主義に対するアンチテーゼというのは、彼らより巨額の金を積むことでは絶対にありません。

　ペットボトルコレクターのオフ会というのを、昨年の一一月にやったんですけど、一一人しかいないんです。本気で集めているのは。でもそこは本当に共産主義じゃないんです。なぜかというと、トレードじゃないんです。みんな珍しいのを見つけると、一〇本買っちゃうんです。それをもってきてただで全員に配る。日本中にばらばらに分かれていますが、でも仲間なんです。地域も超えるんです。地域コミュニティである必要もないんです。

吉田　こういう話の方が二宮尊徳的節約術より絶対に面白いんですよ。

森永　ただ、生活を守るためには節約しなければならない。その次の段階が、それぞれ大好きな分野での〈オタク内循環ブロック経済〉づくりです！

新自由主義の〈時間泥棒〉

吉田　いまの新自由主義万歳！　の世の中、言葉を変えれば原油や穀物、希少資源を買い漁り、世界中の人を再び古典的な「飢餓と貧困」に追い込んでゆくこの金融資本主義経済に対抗するための私たち二人の討論も、そろそろ打ち止めの時刻です。森永さんは〈オタク内循環ブロック経済〉という興味深い視点を提起されましたが、私の方はミヒャエル・エンデの童話『モモ』の言葉を使って、新自由主義の〈時間泥棒〉というお話を最後にやりたいと思います。つまりこの金銭フェチに陥った海賊の末裔たちのヤクザ資本主義は、エネルギー資源や食糧独占するだけでは飽きたらず、日本の場合でいえば、高齢者医療年金の改悪など、市民的福祉と既得権利の剥奪、〝夕張破綻〟にみられるような地方交付税の削減……と、やりたい放題の再搾取を展開しています。その最たるものが、過去→現在→未来と流れる「人間の時間軸」の収奪です。あるいは人間というものは明日という不確かな未来に向かって、それでもなお夢を持って新しい何かを建設していこうとする、誰もが平等で豊かになれる社会を望んでいるという「人間の希望」の破壊です。

ひとつの例を挙げましょう。新自由主義の米国ネオコンは、〇三年ホワイトハウスが発表した「国家安全保障（National Security Strategy）」の中で次のような〝未来の剥奪〟を行ったと、『イラク――ユートピアの葬送』の著者、スラヴォイ・ジジェクは批判しました。

〈予防攻撃というブッシュ・ドクトリン、いまや公然と国際政治をめぐる公式的なアメリカ「哲学」として宣言されてすらいるドクトリンのもつ意味について……（中略）……その枢要は、アメリカの軍事力は近い将来／予見可能（foreseeable）な未来において「天下無双」の状態を維持すべきだという点にある。今日の主要敵は「非合理／非理性的な（irrational）」原理主義者――コミュニストとは異なり生存への基本的感覚さえ欠如させており、また自民族への尊重の気持ちをも欠いている――なのだから、アメリカには先制攻撃への権利があるというわけである（すなわちアメリカ合衆国に対する明白な脅威をまだ示してはいないが、予見可能な未来においてそうした脅威を示すかもしれない諸国への攻撃）。またアメリカ合衆国はそのような攻撃のための国際的提携（coalitions）をその都度／場当たり的に（ad hoc）建立することに努めるべきである一方、もし国際援助を十分に受けられない場合には独自に行動する権利を自らにとっておくべきでもある、という点もそうだ。だから……（中略）……「ブッシュ・ドクトリン」は将来の脅威にまで及ぶすべてのコントロールというパラノイア的な主張に基づいており、それが想定された脅威に対する先制／先買攻撃を正当化している。……（中略）……この論理にともなう問題は、その論理が、われわれは未来をすでに起きてしまった何かとして取り扱うことができる、と前提している点にある〉

この米国ネオコンの、イラクスンニ派・アルカイダ原理主義者連合に対する軍事的視点「われわれは未来をすでに起きてしまった何かとして取り扱うことができる」という未来の自由なる可能性（不確かさ）を剝奪する行為は、さらにもっと別の視点に拡大してゆかないだろうかと思うんですね。すなわち今日のデリバティブ金融資本主義がもつ時間軸とそれは見事なまでに一致するんです。改めて前出の『サイバー経済』を引用しますが、こんな調子なんですね。

〈二〇世紀後半の経済で特筆すべきことの一つに「リスクを売買する市場システム」が整備されたことをあげることができるだろう。資本主義は、かつて「労働」を商品化し、その後には「貨幣」を商品化した。そして、ついには「不確かさ」、までも商品に仕立てようともくろんだのである。／天候にともなう農作物の不作、政変、不況、巨大なプロジェクトの失敗、このような数え切れない「不確かさ」は別名「リスク」ともいわれ、人はなんとかそれをぬぐいさりたい、と思っているのである。／そして人類はなんと、この「リスク」を商品化し、売買しようと思いついたのだ。……（中略）……「リスクの売買」そのものは決して新しいものではない。代表的なものに「保険」と「先物取引」があるが、……急激な展開を見たのは二〇世紀後半に至ってからである。／デリバティブ（金融派生商品）の開発によって、「リスクの売買」は、爆発的な勢いで広がりはじめたのである。……（中略）……「リスクの売買」とは、一言で乱暴にまとめてしまうなら、「確実性と不確実性の交換」である〉

でね、その「交換」とはどのようになされるのか、著者の小島寛之はこう言ってんですよ。

〈先物取引とは、一言でいえば、「未来の取引を現在のうちに契約しておくこと」である。つまり、契約の対象となる商品、穀物や金や証券などの実際の受け渡しが行われるのは、ずっと先の、未来のことであり、契約時にかわされるのは「約束」だけなのである〉

このことは、ジジェクの言っていた軍事的視点「われわれは未来をすでに起きてしまった何かとして取り扱うことができる」ということと、まったく同じなのではないでしょうか。今度のイラク戦争は世界中の未来を奪う新自由主義の「時間泥棒」の戦争だったともいえると思います。

さらに考えを進めますね。このような現在の「確実」と未来の「不確実」の交換を極限まで進化させた形態がデリバティブ経済です。

〈デリバティブにおいては、あらゆるリスクが交換の対象になるといってよい。／固定利子率と変動利子率を交換するスワップ、「将来の株価の平均値」という単なる「数字」を売買する指数先物、将来において国債や外国通貨を約束した価格で「買う権利」「売る権利」を売買するオプション等々。どこかに不確実に変動する数字があれば、それはすべて取引の対象になる、それがデリバティブである〉

つまりこの討論の最初に私が森永さんに質問した「リスクの売買」（債権の証券化）という不思議＝サブプライムローンの破綻や世界大恐慌の瀬戸際にあるという問題などは、すべてこの新自由主義の「時間泥棒」の物語から始まったのだということがわかってきます。〈飢えと貧困〉ばかりでなく、彼らは〈戦争〉と〈恐慌〉という人類の不幸をも生み出しているわけです。

新自由主義の魔法から抜け出られるか

吉田　それからね、森永さん。〈未来〉が〈現在〉の側に収奪されると、人間の頭もチョット変になるんですよ（笑）。〈過去〉と〈未来〉の区別がつかなくなるの。たとえば、あのイラク戦争の後の復興期に「戦争請負会社」というのが新しい産業＝戦争の民営化という未来型の軍事ビジネスとして注目を集めましたよね。兵器調達や戦闘員育成・情報収集はもちろん、「実戦経験豊富な一個師団を迅速に派遣いたします」っていうファストフードみたいな軍事ビジネス（笑）。西アフリカ旧英領植民地シエラレオネで反乱軍を鎮圧したエグゼクティブ・アウトカムズ社とか、クロアチア軍近代化・電撃作戦を可能にさせた米国のミリタリー・プロフェッショナル・リソーシズ・インコーポレーティッド（MPRI）の〝武装せる社員〟たち……ですね。あの未来型ビジネスが報道されたときはちょっとビックリしました。「おいおい、戦争まで民間委託しちまうのかよ！」って。でもね、本当はそれって少しも未来型じゃないのね。過去の大昔の民間ビジネスがお天道様の下で堂々とやっていた代物なの。例を二つあげますね。世界最初の株式会社であるオランダ東インド会社（一六〇四年設立）は王室の特許状を得ていろいろやってたんです。

〈東インドにおける条約の締結、自衛戦争の遂行、要塞の構築、貨幣の鋳造などの権限を与えられていた。そしてこの権限を行使できる地域は「喜望峰の東、マジェラン海峡の西」という、広大なものであった。したがって、オランダ東インド会社は、オランダ本国では特許会社にすぎないが、ひとたび喜望峰を廻れば国家に等しい権力〉(『オランダ東インド会社』永積昭、講談社学術文庫)

これって、「一個師団を迅速に派遣します」どころじゃない(笑)。まだカワイイ。でね、オランダ東インド会社に占領支配されたインドネシアのイスラム教徒たちは、異教徒(キリスト教)に対する聖戦(ジハード)を合い言葉に抵抗、戦い抜いたってンだから、いまのイラクとほとんど同じジャン(笑)。それよりなにより、森永さん。あのアジア全域を揺るがした中国のアヘン戦争(一八四〇〜四二年)。アヘン密貿易の主人公はイギリス東インド会社ですからね。彼らは民間株式会社システムでありながら、同時に英国植民地主義・対外侵略の遂行機関でもあった。現在のアメリカを牛耳っている「軍産複合体」の元祖のようなものだったでしょう。『アジアの海の大英帝国・19世紀海洋支配の構図』(横井勝彦、講談社学術文庫)という本にはこうあります。

〈林則徐のアヘン没収以来、実に三年五ヵ月を要して不平等条約体制の端緒に到達できたのである。この間に動員された戦力は、陸兵一万五〇〇〇（うち三分の二がインド陸軍シパーヒー）、イギリス海軍艦船が四六隻、その他大軍の輸送船は一〇〇隻近くにおよんだ。そしてこれらの戦力を清朝帝国の心臓部にまで送り込んだのが、……東インド会社汽走砲艦で、その総数は一四隻にのぼった〉

汽走砲艦とは鉄製を含む蒸気船で、当時まだ帆船の時代の最新兵器、まあ現代のイージス艦だと思えばいいですよ。一四隻というと、たったそれだけと思うでしょうが、〈中国遠征軍に編入された汽走砲艦は全部で一六隻、うち一四隻が東インド会社に属していた〉ってくらいのもんです。

こうしてみてくると、民間軍事請負会社とか肥大化する新自由主義の軍産複合体システムというのは少しも二一世紀の未来型ビジネスなんかじゃない。むしろ、過去も過去、一八～一九世紀の帝国主義ビジネスに退行しているのではないか。退行とか先祖返りというのが古くさくてお気に召さないというのなら、汽走砲艦とイージス艦の対比を例にとって、コンピューター文明時代の資本主義（サイバー経済）による世界支配地図の再編成が行われている、進行中だと申し上げておきましょうか。すなわち、過去の帝国主義モデルに向かって時代は進んでいるのに、私たちの頭の中では、それが資本主義のいままで見も知らなかった未来に向かって前進する姿に見えている――これが新自由主義経済が世界の人々にかけている最大の魔法「時間泥棒」のトリックだと思うのです。新自由主義が進展すればするほど、世界は自由になるはずなのに、実態は飢餓と貧困が拡大するばかりなのは、そのためです。それは自由の拡大ではなく、世界の再分割にすぎないからです。ではどうすればその新自由主義の魔法＝時間泥棒の呪いから抜け出られるか、最後の最後に私なりのヒントをひとつだけ見つけておきました。

それをお伝えして、この森永さんとの対談の幕としたい……と思います。といいますのも、これまでお話した未来収奪のアメリカ型資本主義に反対し、〈新しい政治共同体としてのヨーロッパ建設〉をめざすエティエンヌ・バリバールらは、その根本主義〈ファンダメンタリズム〉にヨーロッパ市民を受益人とする新しいヨーロッパ「憲法」の概念が生まれねばならないだろうと指さしています。それに習えば、あるいは森永さんの信念である「絶対反戦・絶対平和」の志に沿うなら、私たち日本人には戦後平和憲法があります。この憲法は最初から、新自由主義がもたらす「飢えと戦争」に対抗する理念を埋めこまれた〈未来型〉の憲法です。九条で「戦争放棄」を謳い、二十五条で人間らしい文化的生活を営む権利を保障している。未来泥棒と戦える。対抗可能な武器をいくつも隠し持っているのです。だから戦後日本国憲法に埋めこまれたそのラディカリズムを発掘することがとりあえずの急務でしょう。なぜなら、平和憲法九条は日米安保（自衛隊）とワンセットで機能してきたため、本当の意味での〝絶対平和〟を実現したことなど実は戦後一回もないからです。ＥＵ圏がヨーロッパ「憲法」の中に〈未来〉の奪回を夢見るなら、われら日本は平和憲法九条を根底から掘り起こす憲法ファンダメンタリズム（根本主義）の精神を樹立して未来を奪回せねばならないと思います。その緊急性を、国会で「宇宙基本法」が成立したときにつくづく感じさせられました。そこでその想いを率直に綴ったコラム記事（東京新聞、五月二三日）をお伝えして、この本の締めの言葉にさせていただきます。森永さん、長いことおつきあいいただき、ありがとうございました。

〈知らぬ間に宇宙の軍事利用を可能にする「宇宙基本法」が国会通過したってよ。おいおい、スゲェ事件だぜ。だって「同法が成立すれば、軍事的な偵察衛星の開発・運用に加え、弾道ミサイル発射を検知する早期警戒衛星も導入可能になるため、宇宙での軍拡競争……になりかねない」（東京新聞、五月一八日）から、これで日本にも本格的な「軍産複合体」の時代がやってくるのだ。／アメリカを例にとれば、あの世界に冠たるミサイル・衛星・コンピューター産業を育てたのは国防総省と米航空宇宙局（ＮＡＳＡ）、空軍陸軍の軍事費の力が大きい。そこで開発された最先端宇宙技術が民間の多国籍企業にスピンアウトされ、米国IT経済のグローバルな支配力を強めている。どうやらこの宇宙基本法で日本の政・財界、その米国型のミニチュアをめざすつもりらしい。／小型車の圧倒的輸出というトヨタ型「平和産業」の時代は終わった……って気がする。石破茂防衛相はこれから「平和＝非軍事を、平和＝非侵略に再定義すべき」と主張している。侵略戦争さえしなければオールOK！ というわけだ。／考えてみれば、平和憲法九条は①戦争放棄②陸海空その他の戦力放棄の二段階をもつ。いまや日本の反戦派は抵抗の砦を①から②のレベルに移動させねば、やってくる軍産複合体の時代と戦い得ないと思った〉

第2部　対談をおえて

V　日本人の手にもう一度〈未来〉を

吉田　司

森永さんの絶対反戦のルーツ

森永卓郎さんにはこれまで四回ほどインタヴューや対談をさせてもらっているが、これが初の本格的な対談集である。ただ四回と言っても、森永さんと話すときはいつも「アメリカITバブル崩壊と日本の自殺者三万人時代」とか「偽装会計の米国エンロン、ワールドコム破綻と世界大恐慌前夜」なんて、あまりに大きくて太刀打ちできない暗黒な〝経済危機〟の時ばかり。深刻すぎるテーマを前についつい二人で四時間五時間、「もう一回話しましょう」と長談義になる。四回といっても討論した時間と中味の堆積は相当なものである——ナァーンてね、実は私はそれだけ森永さんに詳しい《卓郎通》だということを言いたいだけなんだけどさ（笑）。

例えばね、森永卓郎って、あの『たけしのTVタックル』で悪人党党首ハマコーさんからさんざんイジメられる「絶対反戦平和主義」なんだけど、なぜああまでかたくなな「絶対反戦」なのか、その理由知ってる？

私は一回目の出会い、二〇〇二年八月二七日付『アエラ』（朝日新聞社）の〈現代の肖像〉の取材インタビューの中でそれを知った。彼が異常なミニカー収集狂で、人生最大の夢が、ミニカー博物館を作ることであることも。当時のアエラ誌から抜粋、引用してみよう。チョット小長い物語になるが、森永さんが今日の経済グローバリズムの時代を語るのに絶好なコスモポリタニズムを子供の時から身につけていたこともよくわかるだろう。


まず最初に所沢にあるご自宅訪問。森永は早速、玄関わきにある狭い部屋に案内して自慢する。フォルクスワーゲンビートルのミニチュアカーがズラリ陳列棚に並んでいる。「約1万台あります」。森永は何でもコレクター屋で、（1）ミニチュアカーの他にも、（2）有名人の生サイン入りの名刺、（3）ハンバーガーの景品（子供向けのおもちゃセット）（4）「白くなった矢吹丈」や「綾波レイ」などのフィギュア（小模型）などを部屋いっぱい集めまくっている。

壁には一面、ミルキーのペコちゃんポコちゃん、ポパイやドラえもんやオバQのバッチ、「巨人の星」や「マッハGO!GO!」などの色紙が張りつけてある。私は「I LIKE DISNEYLAND」と書かれたミッキーマウスの大バッチに見入っていた。そのバッチが一番古ぼけて見えたからである。すると森永が、背後からこう声をかけてきた。

「そのディズニーのバッチから、私の苦難の人生が始まったんです」

森永の父親は毎日新聞の記者で、一九六四年日本人の海外渡航が自由化された最初の年、ハーバードに留学する。まだプロペラを回して飛行機が飛んでいた時代で、小学1年だった森永は連れられて、突如キャベツ畑が広がっていた東京目黒の田舎の小学校から、ボストンの米国小学校にぶち込まれたのである。

「いやぁ～、もうメチャクチャ。いじめられたいじめられた。言語不自由で黄色人種で『リメンバー・パールハーバー!』の日本人という三重苦だもんな。一緒に暮らして袋叩きにあって、『ああ、アメリカというのは、本心は黄色人種というのをこうも蔑んでいるのね』ということが完全に身に染みついちゃいましたね、その時に。だから私は基本的に反米なんですね(笑)」

つまりディズニー・バッチとは、その最初のアメリカ旅の途上の記念物＝すなわち父親の破天荒な生き方に振り回される子供の〝受難の人生〟のシンボルなのだった。なぜなら、父親のアメリカ留学は1年で終わり森永は日本に帰ってくるが、また小学4年の時、今度は父がウィーンの支局長になる。

「ウィーンというのは、ドイツ語をしゃべるんです（笑）。言葉をしゃべれないから、みんなと遊べない。その時に駅の近くでミニカーを売っている店があって、1台2台と買い貯めて1人で遊んでたんですよ。ミニカー・コレクションてのは、その時のトラウマです」

ところがまた、日本の毎日新聞本社から父親にテレックスが入る。〝ウィーン支局を廃止する。ついては貴殿をジュネーブ支局長に命ずる〟。大あわてで、

「ランドセルから地図帳出して、『ジュネーブって、何語話しているのかなあ……』。フランス語（笑）。あれはね、私の人生の最大の挫折ですね。だって、ひどいでしょ。英語やってドイツ語やって、次はフランス語だって。おまえ、ひとの人生なめとんのかと」

あははは、こうして森永一家（卓郎と父母と弟の四人）は、ボロっちいフォルクスワーゲンに乗って、アルプスを越え、はるばるジュネーブへと旅だっていったのでした。

森永の父親・京一さんはいまも健在。さっそくお会いした。

吉田　ひとの人生なめとんのかと〝怨み節〟さんざん聞かされましたよ。

京一　はい、もういいかげんな父親で。私は一貫して、いいかげんで生きてきましたから。子供なんてのはね、現地人の群れの中に放り込めばね、「一週間でなんとかならーね」って。だいたい私って、考え方がわりとコスモポリタン的なんです。

森永　そんなムチャな。黄色人種でひと言もしゃべれないやつを、現地の公立小学校に入れて、一日目からうまくいくはずないじゃないか。

いまでも親子ゲンカしている。京一さんは、元日本海軍特別攻撃隊「蛟竜」の生き残り。小型潜水艦に爆弾を積んで体当たりする。人間魚雷「回天」と並んで、日本海軍の〝最後の華〟だった。昭和二〇年八月一一日が出撃日と決まり、広島の大竹海兵団で〝死出の旅路〟への訓練を重ねていた二〇年八月六日の青空に、あの例の有名なキノコ雲がもくもくと昇っていった。「ああ、きれいやねえ」とみんなで見とれていたという。

「広島でガスタンクが爆発しよったんじゃろかとか言ってね（笑）」

かくて京一には蛟竜出撃の日は巡って来なかった。しかし京一の兄は、すでにその前に飛行機に大量の爆弾を積み沖縄沖の敵米艦に向かって突っ込み〝散華〟していた。そう、森永一族は二人の特攻隊員をお国にさし出していたのである。

そして兄は死に、弟は生き残った。京一の戦後の生き方が、コスモポリタンや「いいかげん」をめざしたのは、国家への滅私奉公などという過剰・必死な生き方への〝ひそやかな決別〟があったからではないのかと思われた。その父の影を踏んで、子は育った——森永卓郎が「軍事政権だけはやめていただきたい」とか「私は（戦争で）人を殺しに行くぐらいなら、死んだほうがましだ」（'VOICE', April, 2002）とか、絶対反戦の立場に立つ裏側にはこの父親や伯父の〝血のルーツ〟が流れているのは間違いない。靖国神社の特攻隊の英霊に涙する小泉純一郎の〝反対物〟だと思って良いのである。

日本人の前にある三つの道

とまぁ、そんなわけで、経済アナリスト森永の絶対平和主義の根拠地はここら辺にあると私は思っている。そしてね、〇五年四月の「平成のホリエモン事件」（ライブドアのニッポン放送買収劇）の時が彼と私の四回目の出会いだった。「会社は誰のものか——株主か従業員か」が大論争となり、市場原理主義（株主重視）のハゲタカ・ファンド＝新自由主義の経済グローバリズムが誰の目にも見える公然たる姿（敵対的買収）をとって現れてきた時代である。その時、私たち二人は『週刊朝日』の誌上で出会い、こう考え、こう論じた。〃女子アナとの合コン〃が連日、週刊誌誌面に踊り、堀江逮捕が近づいた時、「ひなのちゃん（女優）に迷惑がかかる」とホリエモンが嘆いたという、あのきらびやかな「六本木ヒルズ族の時代」に、場面を戻してみよう。

ライブドア独特の〈強さの秘密〉がある。それは、ライブドア株の「大幅分割の〃黒魔術〃」（『週刊東洋経済』）と言われている堀江式錬金術のことである。でね、面白いことには、その視点からだけ見ると、ライブドアはソフトバンクや楽天のインターネット財閥よりは、戦前の満州国経済を牛耳った鮎川義介の「新興財閥」コンツェルンの形態＝「公衆（大衆）持ち株会社」の方に近似しているのであ〜る。そこでまずそのライブドアの大幅分割について語れば、これは「株価は、分割数が多いほど上昇率が上がる」という経済法則を利用したもので、堀江は旧オン・ザ・エッヂ時代を含めれば累計一万倍の株式分割で〃株価高騰〃のバブルを演出して、市場から巨額の資金を調達してきたという。

一万倍にも分割してしまったら、ハテどんなことが起きるでしょう？　ネット証券経由で「気軽に少ない資金で資産形成が楽しめる」個人株主が増えます。いま一株「三〇〇円」くらいで買えるから、ライブドアの株主数ってものすごく多い。何十万人もいる……って言われてる。ただしそれって一株三〇〇円分の「発言力」しか持たない、まぁホトンド会社経営には影響力を行使できない、無力な極小株主が砂粒のように「広く浅く」広がっているって現実なのである。

さて次に戦前財閥史を調べると、日産の株式総数四五〇万株のうち、五一・八％が五〇〇株未満の小株主によって所有されていた。一万株以上持っている大株主は五・二％にすぎなかったとある。これは意図的なもので、鮎川は株式が少数の大実業家に保有されているより、多数の小株主に所有されていた方が、社長は会社を意のままに動かしやすいと主張して、三井・三菱などの旧財閥（銀行中心の間接金融制）システムを否定し、株式市場の個人株主から「広く浅く」小銭を集める直接金融方式＝公衆（大衆）持ち株会社の方が事業拡大に有利だと宣言したのである。

言葉を変えれば、それは発言権の小さな個人株主の数は増えれば増えるほど、「社長の自由」（社長独裁と株主無視）は拡大するという見本だ。ライブドアの大幅分割「株主資本主義」＝極小個人株主の群れの誕生は、それによく似ている。

だから、見なさい。「今度の買収騒動で一番損をしたのは誰ですか？」という質問に、あの元アスキー社長の西和彦はこう答えたぜ。「それは、ライブドアの株主に決まっています」と。

しかしまぁ、私は格別に「経済学」に弱い。堀江式「ネット財閥」の強さの秘密がそうしたことにあるかどうかを確かめに、私はゴールデンウィークが終わった日、経済アナリストの森永卓郎のところに、のこのこ出かけていった。

森永 今のライブドア株って、一株三〇〇円くらいだから、「堀江ファン」が買う。それで、堀江ガンバレって「応援団」になるわけ。新興宗教的なんです（笑）。

吉田 むかしの鮎川義介の「新興財閥」システムに似てる。社長の独裁力を強化する「株主資本主義」ってあるんだよなあ〜。

森永 まさにそうです。だから、完全な王朝ですよね。意図的にやったのかどうかは分かりませんが、フジテレビが買収されかけたときに、パックマンディフェンスという、逆にライブドアを乗っ取りにいくっていう手もあったんですけど、それがなぜできないかというと、一番本質的な原因っていうのは、堀江がいないライブドアは何の価値もないっていうことなんです。だから、買いに行けないんですよ。無敵なんです。

吉田 なんか小泉首相をダラダラ支持し続けている日本人の精神構造と似てませんか

（笑）。労働組合もなく会社共同体も崩れ、砂粒のように「広く浅く」、バラバラの個人に解体されちゃった極小市民サラリーマンが、今度は小泉という名の〈国家共同体〉の応援団にすり替わってゆく……。

森永　経済も政治も同じ構造になっちゃってンですねえ……。

しかし、それはそれ。もしネット財閥の堀江が「無敵」なら……と、私はこれからの経済ニッポンはどうなってゆくのかをたずねて討論は続いた。

吉田　〈大買収時代〉への対抗策で、民族資本の再結集《財閥系》の復活という傾向が出てきませんか？

森永　そうするとね、今度は買収のターゲットが持ち株会社そのものに移ってゆくわけですよ。国際株式交換が自由化されると、単純に時価総額の戦いになるんですよ。今世界の時価総額の半分は、アメリカが持っている。日本は一割にすぎない。すると五対一だから、戦いようがないんです。確かに持ち株会社がコントロールするという形になるんですけど、逆にいうと、その持ち株会社を乗っ取られたときには、（系列まで）根こそぎやられるってことなんですよ。

吉田　すると戦前的な財閥ってのは帰ってこないってことですか。

森永　そこはやり方次第で、イタリアなんか今でも散々抵抗しているわけですよ、外資に食われないように。だけど日本はむしろ政府自らが食われるように、食われるように、あらゆる制度が、アメリカに我々の生活を売り渡すっていう政策になっているんで……。だから今まさに、これから一年ぐらいが、日本がイナゴの大群に襲われるような形で焼け野原になって。

吉田　なります?

森永　いや、なると思いますよ。少なくともこの一、二年で絶対になると思います。それでその金が、みんな、ハゲタカさんたちに聞くと、次は中国だって言ってますね。ただ、中国は日本ほどおとなしくないですから、食えるかどうかは分からないですけど。

森永との討論を終え、私は夕闇迫る街に出た。雑踏の中を歩きながら、考え、そして思った——きっといま、われら日本人の前には、三つの生きてゆく道がひらけているのだと。一つは堀江貴文が示したような新自由主義のニュー・エコノミー、あくまで経済至上主義の価値観（およそ金で買えないものはない）で生きる道である。

二つめは、バブル崩壊後、会社共同体の中に自分たちの金銭的・精神的〈居場所〉を見いだしてきた人々の挫折と大漂流が始まったことである。

この総中流〈漂流現象〉はいま、北朝鮮「拉致」「核」問題や中国の「経済巨人」化を受けて、急激に日本列島〈軍事〉〈経済〉〈領土〉防衛ナショナリズムの枠内に吸引されていっている。つまり「寄らば大樹」の居場所を、会社から国家へシフトチェンジしてゆく生き方である。この第二の道をいま、総中流意識を崩壊させて不安定化した日本人の魂の多くが歩み始めている。

しかし〈経済〉と〈国家〉の道だけが、われら日本人の生きる道だろうか。もっとオルタナティブな市民の道はないのだろうか。

それは第二の道の、閉じてゆこうとする島国ナショナリズムと激しく対立する道だ。しかし私はためらいもなく、その第三の道を選ぶだろう。そして実は、第三の道と堀江の行く道とは、それほど遠く隔たったものではない。いつか合流しあえるだろう。なぜなら、堀江語録の中にはこう記されてあるからだ。

「僕の頭のなかには『アメリカが』とか『日本が』といった発想は一切ありません。……偏狭なナショナリズムになってしまっては、ビジネスの上で正確な判断を下せないと思っています」（『稼ぐが勝ち』）

挫折した日本人の道

でもさ、その日本人の生きる三つの道はその後すべて挫折しパァーになっちゃったのさ（笑）。想い出しておくれ、最初の道の挫折は、〇六年一月、ライブドアマーケティングがマネー情報誌の出版社マネーライフを株式交換で買収した際の「偽計と風説の流布」（証券取引法違反）粉飾決算容疑とかで堀江以下幹部四人が逮捕されたことだ。規制緩和が進んだ新自由主義（ニューエコノミー）の行き過ぎを是正するための〈国策捜査〉と言われた。元東京地検特捜部長のこんな言葉が残っている。

「今回の事件は、やりすぎの『すぎ』のところに光を当てている。人の心はカネで買えると彼は言っていたようだが、そういうことでいいのかな。自由な経済活動と車の両輪である遵法意識やモラルがこれまで軽視されすぎていたのではなかったか」（『ヒルズ黙示録　検証ライブドア』大鹿靖明、朝日新聞社、二〇〇六年、三一七頁）

こうしてまず、ホリエモン的「若者よ、起業せよ！」の生き方の道が消えた。次に第二の国家共同体への道を代表したのが、ポスト小泉の安倍晋三首相の「美しい国」である。しかしこの美しい国＝新保守主義（新たな島国ナショナリズム）の登場はもともと矛盾にみちたものだった。例えば安倍首相は自著『美しい国へ――自信と誇りのもてる日本へ』の中で次のように述べている。

「進歩主義の立場からナショナリズムを批判する人たちは、よく『偏狭なナショナリズム』という言い方をする。……たとえば拉致された日本人を取り戻すために、わたしが北朝鮮にたいして強い態度に出ると、『それは偏狭なナショナリズムだ』とかれらは批判する。……かれらがナショナリズムを『偏狭な』と形容するのは、拉致事件をきっかけに日本人が覚醒してしまい、日本人のナショナリズムを攻撃してきた旧来の論壇が、支持を得られなくなってしまったからではないのか。日本人が日本の国旗、日の丸を掲げるのは、けっして偏狭なナショナリズムではない」（『美しい国へ』安倍晋三、文春新書、二〇〇六年、九九頁）

そしてその「覚醒したナショナリズム」の中心に、安倍首相は「象徴天皇」を改めて祭り上げたのだった。

「一九七七年（昭和五二年）から十一年にわたって駐日大使をつとめたマイク・マンスフィールド氏が、当時外務大臣だったわたしの父、安倍晋太郎に、こんな質問をしたことがある。

『私は日本の経済発展の秘密についてずっと考えてきたのですが、安倍さん、何だと思いますか』

『日本人の勤勉性ですかね』

父がそう答えたら、大使は皇居の方を指していった。

『天皇です』

戦後の日本社会が基本的に安定性を失わなかったのは、……『天皇』という微動だにしない存在があってはじめて可能だったのではないか。（中略）世界を見渡せば……一つの家系が千年以上の長きにわたって続いてきたのは、奇跡的としかいいようがない。天皇は『象徴天皇』になる前から日本国の象徴だったのだ」（前掲書、一〇三～一〇四頁）

要するに、『美しい国』の中心概念は〈日の丸〉と〈天皇〉だったと言うのである。う～ん、読者よ。あなた、この安倍首相の新保守主義、支持できましたか?! だいたい当の天皇ご自身が賛同なさらなかったのではないか。すでに二〇〇四年一〇月二八日天皇の秋の園遊会での〈日の丸・君が代〉問題についての発言がある――あの日、東京都教育委員を務める将棋の米長邦雄（永世棋聖）が「日本中の学校で国旗を掲げ国歌を斉唱させることが私の仕事でございます」と申し上げ、天皇が「やはり、強制になるということでないことが望ましい」と事実上たしなめる発言をした。

天皇の家系＝血統史に関しても、〇一年一二月の天皇誕生日の「お言葉」で、桓武天皇の生母が百済の武寧王の子孫だと『続日本紀』に記されていることに「韓国とのゆかしさを感じます」と発言している。この他にも安倍首相は、憲法改正＝集団的自衛権の確立を主張したが、天皇は以前から憲法順守を宣言され、その立ち位置を今も変更していない。

つまり、「美しい国」というタカ派の新保守主義（日本のネオコン）は、その中心概念からして焦点ピンボケだったのだ。案の定、年金問題のミスを突かれ参院選で小沢民主党に大敗した後、突如、〝情緒不安〟とも思える身体不調で首相の座を降りた。あの時は、みんな呆気にとられ、大混乱だったよね（笑）。

こうして日本人の生きる道――《国家共同体》への第二の道もパァーになった。すると当然、その安倍晋三島国ナショナリズムに対決する第三のオルタナティブな〈市民の道〉も当面、戦う相手を見失う。テーマ喪失で、この道を歩く意味が見えなくなった。そしてハト派福田康夫首相の登場→小沢一郎・民主党との「ねじれ国会」→ふたたびタカ派の麻生太郎首相の登場……と政治の舞台が激しい動揺を続ける中で、ホリエモンの時代に森永卓郎と私が語り合った〝日本人の道〟は今やすべてリアリティを失った。失って、私たちはいま、「年収二〇〇百万以下の労働人口が一〇〇〇万人に達した」ワーキングプアやネットカフェ難民の下流化社会に暮らしている。「平均年収一二〇万円の非正社員が、働く人の三分の一以上を占める大きな所得格差を抱える世の中」(『年収崩壊』森永卓郎、角川SSC新書、二〇〇七年、一三頁)である。これでいいのか、なんでこんなことになっちまったのか……と怒りがこみ上げてくる。だってこの私自身が『ダカーポ』『月刊現代』休刊など、出版不況で定期収入が大幅ダウン=ほとんど生活保護家庭みたいになってンだもの。

おまけにさ、あの米国住宅ローン「サブプライム」の焦げ付き問題で世界経済が大揺れだろ。グリーンスパン前米連邦準備制度理事会議長が「この市場の動揺は一九八七年の『ブラックマンデー』などの歴史的な混乱と『酷似している』」「一世紀前の金融恐慌にも似ている」(東京新聞、二〇〇七年九月八日)と語っていた。おおっ、それって、一九二九年ウォール街の大暴落→世界大恐慌じゃないか!

あわてて森永さんに電話したのだ。

「あなたは五年前、『年収300万円時代を生き抜く経済学』ってベストセラー出したよね。でも、もうっそれじゃ間に合わない。なんとかしてよ……」と。

なぜ最悪のプア社会を選択したのか

あぁ〜あ、長々と語っちゃったけど（笑）、これがね、今回五回目に私たち二人が会って本格的な対談集を出すことになった理由なの。いわばワーキングプア一〇〇〇万人時代の絶望の中から、希望に向かって歩み出す確かな道をいまみんなが必要としている。それを作ろう＝その最初のステップボードとは何か、それはどこにあるのかを、二人の対談で突き止めたい。それが願い、それが祈りの対談集なのである。

従って、この本の中で私が一番こだわったのは、〈下流社会〉＝〈格差社会〉ってなに？なぜ日本人はデフレ不況脱出と引き替えにそんな最悪のプア社会を選択してしまったのか？である。小泉純一郎元首相のいわゆる「小さな政府」＝「痛みを伴う構造改革」が作り上げた下流社会……経済学者（ロンドン大学LSE名誉フェロー）のロナルド・ドーアはこう言ってるよ。

「九六年に登場した橋本龍太郎内閣の五大改革を出発点とし、小泉純一郎内閣の構造改革に続く、『改革の一〇年』……その結果、それまでの『日本型資本主義』が、グローバル・スタンダードと称する『アメリカ型資本主義』に作り変えられ、従来の特徴をほとんど失ってし

まった」(『週刊エコノミスト』毎日新聞社、〇八年一月八日号、四六頁)

また、こうも言う――『国富論』のアダム・スミス(一七二三年~九〇年)は市場原理主義の神様とされているが、

「日本型資本主義下の生活は、スミスが言うように『幸福、住みよさの度合い』が高かったろうか。私は……、日本の『持ちつ持たれつ』体制のなかで組織の結束や同僚の『思いやり』がもたらす生活の安定感や安心感と、より孤独だが自分なりの生き方を選択する余地がより広いイギリス人の主体性・自立精神とのトレードオフに注目。どちらを取るかは難しいと結論しつつ、平等性の点では日本の方が優れていると判断した」(前掲誌、四九頁)

「〝亡くなった〟日本型資本主義は、やはり『惜しい制度だったな』と嘆いていいと思う」(前掲誌、四九頁)

つまり〈下流社会〉とは、日本型資本主義を葬り去って導入された新自由主義〈競争社会〉=いわゆる〈弱肉強食〉資本主義のことだ。それゆえにまず、この日本型資本主義はそもそもどのように生まれ、なぜ〈平等性〉に優れ、なにゆえに崩壊したのかという連結した、壮大な〈謎〉を解くことが、本書の最初の狙いである。そして次に、小泉改革は、一九八〇年代の英サッチャリズム、米レーガノミックスの新自由主義改革(小さな政府)の〝一

周遅れの物真似〟と揶揄されたが、その新自由主義＝市場原理の金融ファンド資本主義はいまや世界単一市場のグローバルな富の大海原を荒らし回る〈海賊〉、あるいは天空から襲い来るハゲタカのようなものに変貌しつつある。

米国ＩＴバブル・住宅バブルを連続崩壊させ、サブプライムローン危機を引き起こし、さらに狂暴化＝石油市場に集中投資し、異常な原油高ショックを世界中にまき散らした。どうやらこれらの海賊資本が向かう先は建設的な未来ではなく、グリーンスパンが指摘するように〈過去〉の一九三〇年代の世界大恐慌（日本では浜口雄幸内閣の金解禁→昭和恐慌の時代）の再現であるようだ。

すなわち、いまのサブプライム危機の世界資本主義がやっていることの本質とは、〈バック・トゥ・ザ・フューチャー〉なのである。しかし、私たちはうまうまそんな新自由主義の海賊船に乗せられて、再び〈世界の終わり〉＝〈大恐慌〉まで行くことはできない。彼らと手を切るためのどんな方途があるのか……森永流「奇策」の道をふたりで探った。それもこの本の大きな狙いである。

ところでね、私はすご～い経済オンチでしょ。にもかかわらず、結構、この対談中、森永さんを挑発してんのね。仕手戦を仕掛けてる（笑）。それに森永さん気付いて応戦し潰しにかかってきたり、マッタク気付かずに通過してしまったり——その気付かない部分が彼の〝弱点〟かもしれないんだけど（笑）、さまざまあったのよ。だからこのふたりの対談の裏面、心理的駆け引きが読み取れたら、この本はいっそう面白く読めると思う。そこで私がいったい大筋どんな物語を想定して森永卓郎に挑んでいったかをここに書き付けておこう。フツウの対談では絶対やらない、やってはならない〝禁じ手〟をここで公開して、経済オンチの私は経済スペシャリスト森永にタイマンを張るのだ！

三〇年代から八〇年代までの連続性

（1）日本型資本主義はなぜ〈平等性〉に優れていたのか？

このあとがき解説が森永さんのお父さんの特攻隊の話から始まっているから、それにあわせて書くと、一九四五（昭和二〇）年生まれの〈敗戦ベビー世代〉だった私らの青春時代は、特攻隊はムダ死（犬死）だったという説が流行った。

「ある全共闘系の学生は、1969年にかつての学徒兵や特攻隊員たちを『従順に権力の意志に従っ』た者と評しており、また別の者も『「きけわだつみの声」を読まなければいけないという発想は僕らにはな』く、『あの本は戦争中に何もできなかった人々の遺言である』

と語っていた。そこでは、学徒兵や特攻隊員たちの戦争体験を振り返ろうとする姿勢は希薄であり、彼らの死は『無駄』『無意味』として切り捨てられる傾向が見られた」（『殉国と反逆』福間良明、青弓社、二〇〇七年、一五頁）

私も若い頃は、この特攻隊犬死説に立っていた。しかし、いまはまるで違う。彼らの死の上に戦後日本が建設されたことを疑う余地はない。たとえば、特攻隊の殉国（お国のために……）精神と戦後高度経済成長→バブル経済大国化の中軸部隊となった団塊サラリーマン世代＝産業兵士の集団主義（会社のために……）精神とは極めてよく似ている。同質のものではないのかとさえ思うからだ。

〇六年七月、『月刊現代』で私は昭和史の保阪正康、在日学者の姜尚中と鼎談し、こう語り合った。

保阪　僕らの世代（昭和一四年生まれ）はちょうど高度成長の始まりに社会に出て、海外赴任組も多いんですが……戦前の歴史について驚くほど何も知らない。そのうえ、ああ、昔の日本兵もこうだったんだろうなというようなことを口にする。赴任先の現地のことを「あいつら、裸足で歩いててさ」とか「経済のイロハから教えてやんなきゃいけないんだよ」と。……きっと関東軍の軍人もこうだったんだろうなと。でも、これが戦後の日本のビジネスマンの姿でもあった。

吉田　だからビジネス戦士というか、経済軍隊というか。

保阪　そう、経済軍隊です。彼らはとりあえず「日中友好」とか……言うんです。だけど本心では「あいつら遅れている」と思っている。こういう偽善性が戦後一貫してある。だから、経済戦士はまさに関東軍と同じだなと思う。

こうした同質性はどこから出てくるのか？　戦前と戦後が連続あるいは通底していたからだ。政治学者のカレル・ヴァン・ウォルフレンは、昭和二〇年の八月一五日の敗戦デーを境にして、過去とはっきり決別した新生日本が誕生したという〝日本人の常識〟は間違っていると述べている。

「（日本は）戦災の瓦礫の中から不死鳥のように身を起こし、世界第二の経済大国になった。しかし、この再生の主力となったのは、米占領軍に指揮された〝デモクラシー〟による経済的・政治的再編成ではなく、戦争中の〝封建的慣行〟だった」（『日本／権力構造の謎』カレル・ヴァン・ウォルフレン、早川書房、一九九〇年）

そう、戦前と戦後が連続しているならば、ドーシテ特攻隊精神が犬死・ムダ死であろうか。それは隠されたもっともピュアな戦後精神（→会社共同体への忠誠や過労死という献身）に姿を変えたのである。〈殉国〉から〈殉社〉へ……言葉を変えれば、それが後に〈日本型資本主義〉と呼ばれるものに成長したのだ。だから私は、保阪、姜との鼎談の中で、その戦前・戦後の連続性を次のように主張し、彼らはこう答えた。

吉田　僕は最近『王道楽土の戦争』（ＮＨＫ出版）を書いて、こういう仮説を立てたんです。一九八〇年代のバブル期、日本人はみんな豊かになって食べるに困らなくなった。のちに加藤紘一（自民党元幹事長）が「一国社会主義が実現した」というような過剰な表現をしていますが、たしかに、豊かな資本主義国でありながら国家社会主義的なものを日本はつくりだしたと思う。

　では、なぜそんなことができたのか、その始まりはどこに求めることができるかと考えていくと、戦前の満州に行き着くのではないか。というのは、たとえば石原完爾が満州国建国を進めていく中で、彼の頭の中には当時五ヵ年の経済計画で非常な軍事強国となったソビエトの姿があった。岸信介も自伝でソビエトについて言及していますが、彼は、ドイツ留学で重工業を中心にしたドイツ型の統制経済も学んでいます。そしてその石原と岸、ソビエトとドイツの混合型の満州経済モデルが、戦後の官僚統制的「護送船団」方式に発展してゆく。

だから、戦前の満州から戦後のバブルまでを一つのくくりでみた場合、バブルが国家社会主義的な要素を達成したとして、その始まりは満州にあると考えたわけです。

保阪　なるほど、わかります。僕もすべてとはいわないが、同感できる面がありますね。

吉田　つけ加えると、「四〇年代の戦時統制経済の体制が戦後日本の高度経済成長の原動力になった」という野口悠紀雄氏ら経済学者に、（経済学の分野でも）ある程度受け入れられているわけです。それに対し、満州を起点にした戦前と戦後の連続性という考えは、もっとワイドに三〇年代からバブルの八〇年代までをワンセットとしてとらえる考え方です。

最近出た『セイヴィング　キャピタリズム』（慶應義塾大学出版会）という本を読むと、興味深いことが書いてあります。著者のひとりはＩＭＦ（国際通貨基金）の特別顧問をしているんですが、アメリカも第1次世界大戦後に、戦時産業委員会というのを設置して中央統制経済システムをとったと。さらに、それはアメリカでは三五年に廃止されたけれども、ヨーロッパとアジア（ドイツと日本）では、戦時統制経済が深く根づき、八〇年代までその傾向は続いたというんです。特に戦後の日本経済については、リレーションシップ資本主義、大蔵・通産省の官僚に統制された競争という言い方がされています。

簡単に言うと、まず二九年に世界大恐慌が起き、三〇年代から八〇年代まで金融市場はずっと緊縮されっぱなし。戦後の冷戦下では多くの社会主義国が計画経済システムをとった。つまり、九〇年代にソ連邦崩壊＝資本主義の世界単一市場が成立するまでの間に、統制経済（護送船団）方式でもっとも成功したのが日本だったわけです。そうすると、満州から八〇年代までをワンセットとする仮説と、金融市場を軸にした『セイヴィング　キャピタリズム』の指摘とは、だいたい符合しているように思うんです。

なにが言いたいかというと、別に日本人が優秀で勤勉な民族だったからだけで経済大国になったわけではない（笑）。〝満州様〟のおかげって面がある。

姜　吉田さんの言う満州から戦後日本の連続性を考えたとき、そのベースにあるのは戦争だと思うんです。結局、戦争というものをテコにしなければ満州国は成立しなかったし、石原的な構想も生まれなかった。戦後は日本は戦争当事国にならなかったけれども、朝鮮戦争、ベトナム戦争と、やはり戦争をテコにした軍需がもたらされた。つまり日本は戦後も、常に戦争と表裏一体のところにいたわけです。
朝鮮戦争の特需がなければ日本はドッジ・ラインからとうてい脱却できなかったし、ベトナム戦争がなければ六〇年代後半のいざなぎ景気が続いたかどうか。あの好景気は実質成長率一〇％で、いまの中国経済を凌駕するものです。
だから、もし満州的なるものを考えるならば、実は戦争が日本の戦後復興や経済発展とつねに隣接した形で存在し、しかも日本は完全に武装解除されているという、非常に奇妙な構図が浮かび上がってきます。

吉田 すると当然、アメリカ抜きにはこの問題は考えられない。

姜 日本の戦後の経済発展は、アメリカとのコラボレーションなしには成り立ちえなかった。アメリカが差し出した朝鮮戦争やベトナム戦争による軍需、さらには東南アジア市場への進出によって、日本が持っている弱さがずっと隠蔽されてきたわけでしょう。
結局、アメリカがやろうとしたことは何か。日本をアメリカにとっての「満州国」にしようとしたとまでは僕は言いませんけれども……。

保阪 いや、似た面はあるでしょう。日米安保条約は日満議定書のようなものだとも言える。

バブル崩壊〈陰謀説〉は正しい？

私はこの〈日本型資本主義〉の形成―崩壊史を一九三〇年代から八〇年代までのワイド史観でとらえ、その先を森永さんと語り合いたかったのである。なぜなら、保阪、姜両氏はどちらも著名な歴史・社会思想史学者ではあったが、経済のスペシャリストではなかった。経済史学の視点から私の仮説がどう発展できるかを知りたかった。

たとえば、前述したロナルド・ドーアの指摘＝欧米のアングロ・サクソン型よりも〈日本型資本主義〉の方が平等性では優れているとしたその秘密も、実はこの戦時統制経済の連続性の中に隠れていると私などは思う。というのも、戦前からの連続史観はなにも〈経済〉の面ばかりではなかった。マッカーサーの占領体制は、天皇の戦争責任を免訴にする「東京裁判」を通じて日本列島の統治に成功した。

その結果いわゆる「万世一系」の天皇家の血統主義はほとんど無傷のまま戦後も「昭和王朝」として残ったのである。つまり昭和天皇の時代は彼が王位についた一九二六年から一九八九年まで続いたから、戦前は王朝前期（アマテラスの現人神の時代）であり、戦後は王朝後期（人間天皇）の時代だったとして、〝断絶なし〟の連続性理論に立つことができるのである。もっとハッキリ言えば、戦後ニッポンとは天皇が聖なる王権を剥奪されたあと、その「王様の家来たち」（特攻隊の亡霊も含め）が引き継いだ国と言えよう。それは満州経済や戦時統制経済をリードした革新官僚の岸信介が戦後の総理大臣になったことにも象徴されている。

従って、戦後日本人が追求した日本型資本主義体制（→親方日の丸あるいは護送船団方式）の底には、戦前天皇制のもっとも強力な国民国家連合の原理《一視同仁》イデオロギーも一緒に埋め込まれていたと考えるべきなのだ。一視同仁とは、金持ちのブルジョアもプロレタリア労働者、被差別民もみんな天皇の聖なる視線から見たら、身分差などありはしない。等しく「天皇の赤子」であるという四民平等の超階級理論だった。この家父長的な近代天皇制イデオロギーの平等性が、戦後日本型資本主義の中に、〝連続〟したのである——とまぁそんな調子のことを、私は森永さんと語り合いたかった。

ただそれは同時に、森永さんの激しい反論にあう、きっと激論になると思っていた。なぜなら、前出の戦時統制経済〈連続性〉論を主張した経済学者の野口悠紀雄氏などはバブル崩壊後の市場原理にもとづく構造改革の急先鋒だったからだ。森永さんはどちらかと言えば、その逆、日本型資本主義経営の崩壊を惜しむ側の方にいた。

ところが……である。この対談集の中味を実際に読んでもらえばよく分かるのだが、話は思いもかけぬ意外な方向に発展したのである。こんな調子で……。

森永　（吉田さんのワイド史観は）東大の奥野正寛さんや野口悠紀雄さんのグループ研究による、戦後日本の経済体制は、戦前の国家統制経済に源流があるという、一九四〇年体制理論と基本的な考え方は同じですよね。これについては私も賛成です。

ええーっ、と内心思った。それ、そんなに簡単に認めちゃっていいのかよ……と。しかし彼はこう続けた。

森永　日本がとり続けてきた、中央集権的で、国家が産業を統制し、計画を立てて所得を平等に分配するというのは、私は、人類史上もっとも成功した社会主義だったと思うんです。

吉田　八〇年代に世界最強を誇ったその日本型資本主義はどうして崩壊してしまったんですか？

森永　それをぶち壊すために、アメリカの金融資本が日本銀行を仲間に取り込んだのだと思います。ドイツのエコノミストのリチャード・ヴェルナーは、バブルはわざと起こされたと書いています。

なんとバブルの創出と崩壊は人工的に「日米の陰謀」によって仕組まれたものだったと言うのである。再び、ええーっと驚いた。なぜ、どんな理由があってあの世界最強と恐れられた護送船団方式（日本型資本主義）を日銀エリートたちは〝自爆〟させねばならなかったのか?!　森永は〇一年にヴェルナーのこの本を読んで目からウロコが落ちたと、一冊の本を提示した。『円の支配者——誰が日本経済を崩壊させたのか』……こうして私の主張した「一九三〇年代〜八〇年代までのワイド史観」はバブル崩壊〈陰謀説〉という予想もしなかった小暗い森の中にさまよいこんでいったのである。

『円の支配者』の中には、こうある。

一九七〇年代、日本銀行は信用統制の腕をふるって、どこまで経済運営の力があるかを試そうとした。窓口指導を利用して、不動産投機への融資を拡大するように銀行に命じたのだ。その結果、地価は高騰し、日本は戦後最初のバブル経済に突入した。その後の不可避的な不況によってエスタブリッシュメント、とりわけ大蔵省エリートが揺さぶられた。信用統制に果たす窓口指導の役割はほとんど知られず、従って日銀への非難は事実上、皆無だった。(『円の支配者』リチャード・ヴェルナー、草思社、二〇〇一年、二六頁)

この経験が一九八〇年代、九〇年代の出来事の礎石となった。日銀は戦時統制経済に替わる新しい日本の経済・社会・政治システムを実現する計画を発展させようと奮い立った。新しいシステムの手本はアメリカ流の自由市場だった。日銀は、過去の日本の自由市場への「バック・トゥ・ザ・フューチャー」が日本の潜在成長率を押し上げると考えた。もっと大事なのは、それによって中央銀行が比類なき経済支配権を確立できるだろうということだった。もちろん、これほどの根本的な構造改革を実行するためには、戦時統制経済を解体しなければならない。まさに革命だった。そして、革命は危機の際にしか起こらない。(前掲書、二七頁)

日本が自由市場経済だった一九二〇年代の〈過去〉を取り戻すために「危機」＝バブルの創造と崩壊がわざと起こされたというのだった。う〜ん、詳細は実際その『円の支配者』という本を読んでもらう以外ないのだが、ヴェルナーの主張は本当に正しいのか?……と、にわかには信じがたかった。かくて私と森永さんはその小暗い〈陰謀の森〉の中をさまよい互いに対峙する。ふたりは森の中から脱出できるだろうか。正確な論理の道標を発見できるだろうか……それをぜひ読者自らがこの対談集の頁を繰ってご確認願いたいと思うのであります。

三つの「破滅への道」

(2) 新自由主義の経済グローバリズムはどこへ行く?!

しかし闇の中をさまよい脱出口を探しているのは、なにもわれわれふたりだけではなかった。日本型資本主義を崩壊させたその「アメリカ型資本主義」=(新自由主義の経済グローバリズム)はいま、米国の低所得者向け高金利住宅ローン(サブプライム)問題に端を発した世界的な信用収縮により「世界同時株安」を連発させ、恐慌への道をさまよっている。

たとえば「『われわれは今、タービュランス(乱気流)の中にいる』。ライス米国務長官は、一月のダボス会議でこうスピーチした。相当の揺れを覚悟しなければいけない、という意味だ。が、スピーチを聞いた竹中平蔵・慶應義塾大学教授は『乱気流である以上、いつかそこから脱出できるという希望を持たせたのではないか』と言う」（『週刊東洋経済』二〇〇八年三月一日）ってなありさまだ。
また、雑誌ジャーナリズムも「世界『バブル』崩壊」といったセンセーショナルな特集記事を連発している。こんな調子だ。

すべては史上空前の世界的なカネ余りにある。世界的な金融緩和政策によって生まれた膨大な投資マネーが、経済のグローバリズムの進展によって世界中を彷徨っている。ヘッジファンドやオイルマネーなど投資マネーが向かった先ではバブルが生み出され、そして、一度「不安」が襲えば新たな投資先を求め一気に引き上げる。脆弱なマネーが世界を動かしているのだ。「ドル・バブル」「中国バブル」「オイルバブル」「新興国バブル」……。そしていま世界のバブルがアメリカ発「住宅バブル」を契機として弾けようとしている。世界の、そして日本の経済はどんな地平に着地しようとしているのか。（『SAPIO』二〇〇八年二月二七日号）

しかもこうした「カネ余り」投資マネーの国際的な回遊現象＝過剰流動性という〈徘徊す

る妖怪〉はどこから生まれたのかというと、ＩＴ（情報技術）バブルが崩壊して世界的にデフレ懸念が強まっていた二〇〇〇年代初頭に日米欧の主要国が積極的に金融緩和を推し進めたからだと分析されている。とくに日本は当時デフレが深刻化しており、二〇〇一年三月以降、日本銀行はいわゆる「量的緩和政策」をとった。その結果、「金利が低位で安定するようになり、資金需要が高まる中で世界のマネー供給量が飛躍的に拡大することになった」というのである。つまり、日銀は現在のこの世界「バブル」創造者のひとりなのだ。どうやら、この新自由主義時代の経済妖怪ってのは、いまや日常的に、ごく自然に「バブルの創造と崩壊」を繰り返してるってことになる。

それならば……と私は思う。（1）でヴェルナーが主張した「日銀（円の支配者）がバブルをわざと起こしわざと潰した」という陰謀説はそれほど荒唐無稽な代物ではないかもしれない。いや、それはかなりリアルな話なのではないか。だって、いまや日銀や世界のファンド資本主義がごく自然にやっている妖怪行為を、あの当時の「円の支配者」にはできなかったという道理がないからだ。

ともあれ、このファンド妖怪たちが向かう脱出口は〝三つある〟というのが、いまの世界の常識であるらしい。たとえば、こういう話がある——昨年秋、イギリス全土のノーザン・

ロック・バンク（住宅ローン業務が主体の英国の中堅銀行）の支店の前に長蛇の列ができた。いまも続くサブプライムショックの序章だったと、経済ジャーナリストのマシュー・リースがレポートしている。
「ロンドンの中心街のバーで2名のゴールドマン・バンカーがストレートに意見を交わしていた。『今回の不況は、ありふれた不況とはまったく違う。大打撃になる』とひとりが言った。別のひとりは『我々は1929年（の世界恐慌）に戻ることになるね。長期の深刻な経済不況に』とうなづいた」（『SAPIO』二月二七日号）
　こういうのが、いまの世界経済の常識らしい。三つの脱出口を列記する。
（一）グリーンスパン米連邦準備制度理事会前議長は最近「米国の金融危機は第2次世界大戦の終結以来、最悪」と指摘したが、以前にもサブプライムローン危機は「一世紀前の金融恐慌に似ている」と警告していた。
（二）経済誌も「ここは、いつか来た道」と書き、〈過去〉の三大経済危機＝一九二九年〜の世界大恐慌・七三年〜のオイルショック・九〇年〜の日本バブル崩壊との共通点を特集している。さらに（三）東京新聞三月九日朝刊『時代を読む』（佐々木毅）はこう書いた。
「アメリカで現在囁かれているスタグフレーションは、一九七〇年代の石油ショックの時にはお馴染みの現象であった」

そう、それは脱出口ではなく三つの「破滅への道」＝〈バック・トゥ・ザ・フューチャー〉なのである。何度も言うが、いま世界は建設的な〈未来〉を見失い、ひたすら〈過去〉に向かって前進するという錯誤に陥っているってワケなのさ。しかし、それは一体何を意味するのだろうか?!　経済オンチの私にはそれに自己診断をくだす力はない。そこで発表されている学説やジャーナルな記事を使って、この〝三つの危機〟が指し示すものについて考察してみよう。

日本型資本主義は対抗原理

a「一九九〇年〜の日本バブル崩壊」説……前出『SAPIO』（二月二七日号）はこう書いていた。

「サブプライムローンはアメリカの住宅ローンのわずか一〇％ほどにすぎない。その問題がなぜここまで世界経済を揺るがすのか。一〇兆円に及ぶ勢いのアメリカの金融機関の損失も、日本をバブル崩壊に導いた不良債権一〇〇兆円には比べるまでもない」

しかし、サブプライム危機はその後も拡大し続け、三月二七日付け朝日新聞はこう報じた。

「米大手証券ゴールドマン・サックスは、サブプライム住宅ローン問題による金融市場の混乱で、世界の金融機関などが被る損失の総額が一兆二千億ドル（約一二〇兆円）にのぼる可能性がある、との見通しを明らかにした。

　銀行や証券会社、ヘッジファンド、政府系金融機関の損失総額を試算した。このうち約四〇％にあたる約四六〇〇億ドル（約四六兆円）は米国分という。……金融機関が計上する損失は今後さらに拡大しそうだ」

　すなわち、一〇〇兆円ＶＳ一二〇兆円……これらのデータは、現在の新自由主義の妖怪（国際的過剰流動性）の作り出している世界危機がすでに九〇年代の日本バブル崩壊の規模を軽々と突破し、もっと巨大な〈過去〉の世界大恐慌に向かって、驀進、接近中だということを物語っている。世界経済は乱気流（タービュランス）から大暴風に変わろうとしているのだろう。

ｂ「一九七三年～のオイルショックまたは七〇年代のスタグフレーション」説……さて、この現在の乱気流がもし佐々木毅（学習院大教授）の言うように、七〇年代スタグフレーションの再現のような性格のものになるとしたら、それは極めて奇妙な逆説の中に世界ははまり込む――なぜなら、新自由主義の経済学説（ミルトン・フリードマンらのシカゴ学派）が主張した市場原理主義の「小さな政府」という考え方は、五〇年代にはケインズ学派（大きな政府）の力に圧倒され、まだ経済学の傍流の感があった。しかしそれが七〇年代欧米のスタグフレーションを克服する最適の経済理論としてスポットを浴び、八〇年代英国サッチャー、米国レーガン改革の主流派学説に採用されていったという歴史的経緯がある。

デヴィット・ハーヴェイ著『新自由主義』の頁を開くと、こう記されている。

「一九六〇年代の終わり頃……深刻な資本蓄積危機の兆候があらゆるところで姿を現した。失業率とインフレ率が各地で上昇し、ほぼ一九七〇年代いっぱいまで続く世界的規模の『スタグフレーション』をもたらした。税収が急落し社会支出がうなぎ上りに増大した結果として、各国で財政危機が起こった（イギリスは一九七五～七六年にはＩＭＦの救済を受けざるを得なくなった）。ケインズ主義的政策はもはや機能していなかった」（『新自由主義』デヴィット・ハーヴェイ、作品社、二〇〇七年、二四頁）

一九七一年　金準備に支えられた固定相場制（ブレトンウッズ体制）が崩壊し「変動相場制」へ移行。

一九七三年　中東戦争と石油輸出国機構（ＯＰＥＣ）の石油禁輸措置、いわゆるオイルショック。

こうした七〇年代における経済危機（高インフレ、高失業）は労働者と社会運動の合流をうながし、ヨーロッパでは共産党や社会民主主義政党が躍進し、政権を取る場合もあった。先進資本主義国（イタリア、フランス、スペイン、ポルトガル）でも、多くの発展途上国（チリ、メキシコ、アルゼンチン）でも、経済エリートや支配階級が政治的脅威にさらされていることが明らかになったと、ハーヴェイは記している。

「一九七〇年代に成長が破綻し、実質金利がマイナスになり、微々たる配当と利潤が常態化すると、世界中の上層階級は脅威を覚えた。……上層階級は、自分たちの政治的・経済的破滅を避けるため断固たる行動をとらねばならなくなった」（前掲書、二八頁）

こうしてあの「弱肉強食」資本主義の異名をとる新自由主義の経済政策が全世界的に採用されてゆくことになる。

「一九七〇年代前半に新自由主義政策が実行されたあと、アメリカの国民所得のうち、上位一％の所得者の収入が占める割合は、二〇世紀末には一五％にまで増加した（第二次大戦前の割合にかなり接近した）。……最高経営責任者（ＣＥＯ）の給与と労働者の給与の平均値の比率は、一九七〇年代の三〇対一強から二〇〇〇年にはほぼ五〇〇対一へと広がった」（二

九頁）

もちろんアメリカだけではない。イギリスでも上位一％の所得者は一九八二年以降「国民所得に占める割合を六・五％から一三％へと倍増」させたという。ロシアでも新自由主義的「ショック療法」で強力な一握りの新興財閥（オリガルヒ）が台頭したし、中国でも国内に巨大な富の不平等（中国バブル）を生んでいることは、周知のことだ。こうした〈新自由主義への転換〉が生んだ結果を踏まえて、ハーヴェイは新自由主義の正体を次のように暴いている。

「新自由主義は国際資本主義を再編するという理論的企図を実現するためのユートピア的プロジェクトとして解釈することもできるし、あるいは、資本蓄積のための条件を再構築し経済エリートの権力を回復するための政治的プロジェクトとして解釈することもできる。……私は、二番目の目標が現実面では優位を占めてきたことを論じてゆく」（前掲書、三二頁）

すなわち上層階級の経済権力の奪回（中流階級の破壊→下流化・格差社会の実現）こそが新自由主義の本質であると論じているわけだが、それはともかく、もし現在のサブプライムローン危機がいま再び七〇年代型スタグフレーションの時代を招き寄せてしまうとしたら、それはスタグフレーション克服のために登場してきた新自由主義の〝理論的敗北〟を意味することにならないだろうか?!

世界は〝奇妙な逆説〟に落ちこむと書いたのは、そのためだ――新自由主義はいまや「退場」のレッドカードをつきつけられているのか?!

いいや、決してそうならないと森永卓郎さんは語る。では、新自由主義世界はどこへ行くのか。森永＝吉田の白熱討論をぜひ覗いてみてください。

c「一九二九年～世界大恐慌」説……もしこの新自由主義の経済危機が七〇年代スタグフレーションの時代をも突破してさらに〈過去〉へと前進し、一九二九年ウォール街大暴落まで行き着くとすれば、話はもう一度あの最初に提起された「日本型資本主義」＝「戦時統制経済と護送船団方式の連続性」の物語に戻らなねばならない。

なぜなら、もともと日本型は、恐慌を不可避的に呼び起こす自由主義競争社会（欧米型）に対する対抗原理として登場してきた経済システムだったからだ。そのことについては、私は〇八年一月四日付けの東京新聞で簡略に論じているから、一部引用してみるね。

題して「昨今の日本人は恐慌をもたらす自由主義経済に対する歴史的警戒心を忘却してる」でござる。

例えば経済学者の野口悠紀雄氏は昨年一二月二一日の東京新聞で、〇八年度予算の財務省原案をバラマキ型「漂流国家の漂流予算」と評しましたが、小泉「新自由主義」改革以降の日本は暢気に漂流なんてしてません。

しっかりワーキングプアの格差社会を拡大させ、「史上最高といわれる企業収益」をあげてます。新自由主義への警戒心という点では、天皇陛下の方が敏感だ。七四歳の誕生日会見で「自由競争により……格差が出ることは避けられないとしても……弱い立場にある人が取り残されてしまうことなく」と発言された。

天皇はなぜ格差拡大を憂慮なさるのか——。戦前の一九二〇—三〇年代の日本経済も今と同じ弱肉強食型自由主義で、それは娘を身売りするほど貧窮・暗黒の飢餓農村を生み、肥大化する工業都市との間に強大な経済文化格差を創り出した。この「都市と農村」の格差問題は深刻で、天皇制国家の統合原理（四民平等）をも揺るがす危機にまで発展した。解決策として中国大陸に新天地（満州建国・満蒙開拓）を求め、日中戦争の悲劇を巻き起こしていった……。つまり天皇発言の裏には、「自由競争」時代の苦い教訓と警告がこめられている……と私は思う。

更に論ずるなら、小泉改革で葬り去られた「日本型資本主義」（官僚統制の護送船団方式）というのも、実はその戦前恐慌への予防戦略として編み出されたのである。一例をあげれば、麻生太郎首相の曾祖父・筑豊石炭財閥の麻生太吉翁は若き日、第一次世界大戦後の恐慌（国内産業の生産過剰・失業者の増大）を見て、「自由生産と自由競争の不可なる」ことを学び、「産業統制化」を夢見たという。その夢はウォール街の大暴落↓世界恐慌を経て第二次世界大戦の「戦時統制経済」（四〇年体制）の中で実現し、戦後も生きのびた。六〇年代―八〇年代の経済大国化の原動力となったのである。

こうした日本資本主義の形成史をたどるなら、元々日本経済は英米のアングロサクソン型自由主義経済（株主重視の市場原理主義）への強い批判力を持つ〝対抗原理〟だったことがわかるだろう。

格差社会は一九二〇年代ニッポン

かくてこの対談集は、世界恐慌への対抗原理であり、同時に「平等性に優れた」（ドーア）「最強の社会主義」（森永）たる日本型資本主義を私たちはなぜ、易々と崩壊させ、いままた再び一九二九年の世界大恐慌に突入してゆくような愚挙を行うのか……という最初の疑問にもどってくるのである。

リチャード・ヴェルナー（『円の支配者』）は書いている。

「（一九二〇年代）当時の日本は、われわれが知っている戦後の日本とまるで違っていた。自由放任の経済システム、純粋な自由市場資本主義の国だったのだ。終身雇用も年功序列制度も定期賞与も広がりがなく、企業労組も少なかった。会社はしばしば中途採用をおこない、容易に解雇した。従業員の方も、もっとよい職場がありそうだと見れば遠慮なく辞めた。（中略）戦後のような（企業同士の）株式持ち合いシステムはなかった。……どの株式でも個人株主が大半を占めた。……一九二〇年代に株主の力が強かったのは、企業が資金の半分以上を株式市場で調達していたからだった。（中略）貧富の差はきわめて大きく、不動産や株式を所有する多くの金持ちは配当と賃料で暮らしていた」（『円の支配者』三九～四一頁）

つまり、日本型資本主義（統制経済）が登場する前、一九二九年代恐慌時代の日本はピュアな意味での株主重視の資本主義だったのだ。だからヴェルナーは歴史認識を欠落したいまの日米経済をこう皮肉っている。

「アメリカの貿易交渉担当者が一九八〇年代から一九二〇年代にタイムスリップしたら、もっとアメリカのようになれと日本に要求したりはしなかっただろう。当時の日本は現在のアメリカ流の資本主義に酷似していた」（前掲書、四二頁）

とすれば、われわれ日本人は、あの痛みを伴う小泉構造改革で〈未来〉を失い、一九二〇年代に、バック・トゥ・ザ・フューチャーしたことになる。森永さんと私が四回目の討論「ライブドアのホリエモン騒動――株主重視か従業員重視か」で、堀江のインターネット財閥経営と、一九二〇～三〇年代の日産・鮎川義介の新興財閥を同種のものとして論じあったことはマッタク正しかったわけだ。

そう、私たちのいまの「下流社会」「格差社会」とは明日に向かう二一世紀的〈未来〉がもたらしたものではない。〈過去〉に一九二〇年代ニッポンに再連結させることによって生み出された旧社会だということを認識する必要がある。さらにこの〈未来〉を〈過去〉に置き換える資本主義のマジックショーは、フリードマンらの経済学の力だけではなく、コンピュータが作り出したバーチャルな幻影力＝金融工学というサイバー経済の力に依っていると思われるが、そのことは第1部で明らかにした。

いずれにせよ。いまわれら日本人が陥っている苦境＝格差と貧困の下流社会化は、世界の「上層権力」によって仕掛けられたものである。そしてその世界「上層権力」（新自由主義の連合）が人々を支配する力の根源は、新しい人間的な連帯を生み出す〈未来〉の力を封印することである。〈未来〉の可能性を消し、現在を〈過去〉の弱肉強食史観の中に追い込むことである。

それは日本では〈自己責任〉の名で呼ばれている。ヒトとヒトが手を握り、他者の未来を自分の未来として語り合う「連帯の力」＝協同性を潰すために、自己責任の論理が横行するのだ。

とすれば、われらがなすべきことはいまや明快だ。〈未来〉を回復させること。〈未来〉とは協同する力のこと。「反貧困ネットワーク」でも何でもいい、われらは手をつなごう。ホリエモンのテーゼは「金で買えないものはない」（人の心も買える）だったが、われらのテーゼは「金で買えるのは〈過去〉だけ。〈未来〉はこれっぽっちも買えやしない」だ。

森永卓郎さんはこう語っている。新自由主義的価値観の外に出ようと。

「新自由主義者は、新古典派の経済学を信奉している。新古典派の経済学の登場人物は、合理的経済人だ。合理的経済人は、自分の利益を最大化するためにはどうしたらよいのかということを唯一の基準として行動する。そして、そうした自分の利益しか考えない人たちだけで社会を作ると、一体どういうことが起こるのかというのを分析するのが新古典派の経済学なのだ。

人間は合理的経済人ではない。他人が苦しんでいるのを見れば心痛むし、なんとか助けてあげようと思う。そうした優しさを持つのが人間だ。しかし、そうした優しさの行動を前提にすると、分析が複雑になりすぎる。だから全ての人が自分の利益しか考えないという極端な仮定を置いて、理論を構築したのが新古典派の経済学なのだ」（『構造改革の時代をどう生きるか』森永卓郎、日経ＢＰ社、二〇〇七年、一一～一二頁）

そう、人間の連帯と世界の未来は、新自由主義の外にある。日本人の手にもう一度〈未来〉をとりもどすために、どうかこの本を読んでください。

Ⅵ　私たちが犯した失敗

森永卓郎

「努力が報われる社会」だった

小泉内閣が成立し、竹中平蔵氏が経済財政担当大臣に選ばれたとき、私の全身に悪寒が走った。「日本が大変なことになる」。そう直感したからだ。

案の定、金持ちと大企業を優遇し、庶民の生活を追い詰める弱肉強食政策が次々に採り入れられ、日本は一億総中流社会から先進国で最も過酷な格差社会への道を駆け足で突き進んでいった。こんな社会を望んでいた国民は、ほとんどいないだろう。にもかかわらず、大部分の国民が小泉元総理の「改革」という言葉に熱狂した。いや、いまでもその熱狂から覚めていないと言ってもよいだろう。

「あなたたちの生活を破壊しているのは、まさに貴方が熱狂している彼らなのですよ」という私たちのメッセージは、大部分の国民に伝わらなかった。吉田司氏も私も、声の限りに新自由主義者の危険性を叫んできた。しかし、私たちの発言の場は、徐々に狭まり、金持ちと大企業の立場を代弁する御用評論家たちばかりがはびこる世の中になってしまった。吉田司氏も、私も、少しでもよい日本にしようと論評を続けてきた。しかし、その努力は一部の人にしか伝わらなかった。我々は、負けたのだ。がんばって戦ったけれど、一般大衆に伝えることができずに負けたのだ。

なぜ我々は負けてしまったのか。その最大の原因は、時代の空気が変わっていることに気付かなかったからだろう。

小泉純一郎、竹中平蔵といった新自由主義者が頭角を現す時代の空気は、バブル崩壊後に現われた。「努力しても報われない」という閉そく感に乗って彼らは浮上したのだ。

それまでの日本社会は、「努力が報われる社会」だった。例えば高卒の就職者が社会の主流だった時代は、人生のすべてを、努力によって決めることができた。高卒の求人は学校にまとめて来たから、成績と出席を加味した総合点の順番で、卒業生によい就職先があてがわれていった。そうした事情は、大学進学が一般化しても、同じだった。大学の偏差値と就職できる企業の規模は、きれいな相関を持っており、偏差値の高い大学に入学すれば、良質の雇用と高い所得が保証される大企業への就職が、ほぼ確実だった。そして、就職した後も、毎日努力を積み重ねていけば、年功序列制度の下で、そこそこの出世は可能で、自分の娘が嫁ぐころには、それなりのポストで花嫁の父になることができた。やれ受験戦争だの、学歴社会だの、文句を言う人は多かったが、毎日コツコツと努力を積み重ねた人が、よい学校に行き、良い企業に就職し、豊かな生活を送ることができる。その意味で、非常に公平な競争システムの下で日本社会は動いていたのだ。

だから、日本の子供はよく勉強した。戦後、日本の高度経済成長を支えた最大の要因は、初等中等教育の優秀さと、それに基づく粒のそろった労働者だと言われる。日本の子供たちは、考えなしに一生懸命勉強したわけではない。努力して、積み重ねることが、自分たちの未来につながると信じたから、勉強をしたのだ。

ところが、この「努力が報われる社会」は、バブル崩壊によって、人々の信頼を失ってしまった。失われた十年と呼ばれる長い不況のなかで、高卒者への求人は、大きく落ち込んだ。努力をしたからと言って、一流企業に就職できるということはなくなった。大学生の場合は、システムの崩壊がもっと明確だったかもしれない。それまで、一度就職すれば、安定した暮らしが保証されると信じていた企業が、次々に経営破たんしていったからだ。生命保険、商社、証券会社、そして都市銀行。誰もが、まさか破たんすると思っていなかった大企業が次々に破たんしていった。ある意味で、一番行き詰ったのは、受験戦争の勝者の集まりである東京大学の卒業生だっただろう。それまでは、ローリスク・ハイリターンの就職先が、選びたい放題にあふれていた。ところが、そうした就職先が、突然消えてしまったのだ。わずかに残ったローリスク・ハイリターンの大手新聞社、大手出版社、在京テレビ局といった企業は、もともと募集人数が少ない上に、コネが幅を利かすこともあって、就職に学歴がほとんど役立たないからだ。

経営者への甘い期待

また、努力の積み重ねが成果をもたらさないということは入社後も同じだった。私が経済企画庁にいた一九八五年、『２０００年に向け、激動する労働市場』という報告書を作った（『21世紀のサラリーマン社会』というタイトルで東洋経済新報社から出版された）。経済企画庁から社会開発研究所という小さなシンクタンクに委託した調査研究だったが、実質的には私が報告書のほとんどを執筆した。委託調査の報告書としては、空前絶後だと思うが、この調査レポートは発表の翌日、大手新聞すべての一面トップに採り上げられた。「大学を出ても4人に1人しか課長になれない」。いまでは当たり前の話で、現実にそうなっているのだが、大学を出れば管理職まで行けると考えていた当時の常識をひっくり返す脅威の予測として新聞各紙が採り上げたのだ。

ただ、いまから振り返ると、この報告書は、大卒サラリーマンがほぼ自動的に管理職に登用されるシステムの崩壊を予測しただけでなく、いまの日本の雇用システムを実に的確に予測している。報告書を引用しよう。いまから四半世紀前に書かれたものであるということを頭において、読んでいただきたい。

「近年の賃金格差の拡大はわが国の労働市場が終身雇用と年功賃金に守られた内部労働市場とパートタイマー、アルバイト等の外部労働市場とに二極分化する過程であらわれた現象であると言えよう」

「急速に拡大していく低賃金労働層が内部労働市場の賃金を巻き込んでこれを引き下げてしまう、あるいは今まで内部労働市場でまかなわれていた仕事が外部労働市場の労働者によって代替されてしまう危険性があることである。これは世帯主の賃金伸び悩みが主婦や高齢者を就業に誘引し、これが内部労働市場の賃上げ抑制の効果をもたらすという悪循環を意味する。このような懸念は、現在めざましく普及しつつあるFA・OA等のME（マイクロエレクトロニクス）化を通じての業務内容の再点検およびサービス経済化の進展にも起因して強まっている。ME化の基本的な性格として仕事を標準化することがあげられる。これは、設計・保守部門は従来以上に知識と熟練を必要とするが、機械のオペレーションは熟練度の低い労働者層で対応することが十分可能となる道を開き、その意味で、外部労働市場への代替を容易なものとする特質を持っている。現在製造業の技能工はおよそ一〇〇〇万人、就業者の二割程度であるが、日本的雇用慣行はブルーカラーを含めて終身雇用制をとったことに特徴があった。もし、ブルーカラーの内部労働市場が浸蝕されれば、内部労働市場全体にとって大きな脅威となることは間違いない」

「現在のペースで非正規雇用者が膨らむ限り、内部労働市場はその内部で大きな部門間移動を伴いながらも確実に狭まるのである。さらに外部労働市場とのバランスにおいても、現在六人に一人にしか過ぎない外部労働市場が西暦二〇〇〇年には三人に一人になるのである」

「内部労働市場に参入できない団塊二世たちのかなりの部分がアルバイト等外部労働市場での労働を余儀なくされるのではなかろうか。昭和六〇年代半ばには、団塊の世代は四〇代、働き盛りである。一方、団塊の世代の妻たちは子育てを終えパートタイマー等の形で労働市場に参入してくる。この時期には団塊の世代の夫、妻、子の二世代が同時に不安定な労働市場に身をさらすことになるのである。むろん、現在のアルバイトの賃金でも若者が生活していくためには差し当たり困難はないであろう。しかし、結婚し子供が生まれ、教育費がかさむようになり、また住宅ローンを抱えるようになればアルバイトで生活することは不可能である。アルバイトを転々としながら、三〇歳前後になって内部労働市場に参入しようとしてもその壁はあまりに厚い」

「中高年層の流動化といっても、そのかなりの部分を抱え込まざるをえないというのが実状であろう。従って、大企業では爆発的に増える中高年齢層のため、新卒採用が抑制されてしまう危険があるとみざるをえないのである」

いまの日本の労働市場の状況は四半世紀前にわかっていたのだ。わかっていたにもかかわらず、そのときにどのようなビジョンが描かれていたか。報告書のなかで書かれている処方箋は、労働時間短縮を大胆に進めて正社員の雇用を守るとともに、ポストにつけない正社員を部門専門職として処遇する。時間の余裕のできた部門専門職は会社人間を脱して、自由な発想で新しい付加価値創造に取り組んでいく。

間違っているとは思わない。そのように進んでいれば、いまの日本社会は、ずっと明るい社会になっていただろう。ところが、私は企業経営者を性善説で見過ぎていた。経営者だって、同じ船に乗る仲間なのだから、仲間を切り捨てるような行動はしないだろうという甘い期待を持っていた。しかし、経営者は労働者を守るのではなく、企業と自分自身を守る道を選んだのだ。

それまでの終身雇用と序列処遇を適用されるのは、会社のラインを駆け上がっていく一部のエリートに限り、その他の社員はパートアルバイトや派遣労働といった非正社員に切り替えることで人件費を圧縮していく道を企業は選んだ。その象徴が一九九五年に日経連が発表した『新時代の日本的経営』だった。この報告書のなかで、日経連は旧来型の日本的雇用慣行を適用するのは、「長期能力蓄積型社員」のみにし、「高度専門能力活用型社員」と「雇用柔軟型社員」は非正規雇用に移していく方針を明確に示したのだ。

体制批判を続ける評論家の激減

私が犯した最大の誤りは、仮にそうした動きを企業が取ろうとしても、組合は反発するだろうし、何よりそんな政策を採る政権は選挙で国民の支持を得られないだろうと考えていたことだ。

まず、組合は動かなかった。いまでこそ連合は非正社員の権利を守るための活動を必死に行っているが、数年前までは、自分たちの組合員である正社員の労働条件を確保するために手一杯で、非正社員がひどい労働環境で働かされていても、見て見ぬふりをしていた。

そうして非正社員が増えていくなかで、非正社員自身はどう行動したのか。彼らがデモをするとか、ビラを配って窮状を訴えるということは、ほとんどなかった。非正社員で働く人の生活は厳しい。だから、政治的な活動をする余裕も気力も失っていたのだ。正直言って、私の想像力は、そうしたことまで見通せなかった。それは、正社員を中心として労働市場をみてしまうという驕りが私の頭にあったからだ。

ただ、少なくとも十年前には、非正社員急増が日本の社会を破壊してしまうということに私は気づいていた。だから、小泉内閣の推し進める政策が日本社会にとっていかに危険かということを、私は小泉内閣の誕生時点から一貫して叫んできた。

しかし、私はメディアから干されてしまった。八割以上という圧倒的な内閣支持率の下で、私は発言の場所を大きく制約されるようになった。それはいまでも、さほど変わっていない。私はテレビに出続けているので、あまり干されている感じがしないかもしれないが、それはクイズ番組やバラエティに出ているからで、政治や経済論争をする番組への出演はかなり減っているのだ。

ただ、私の出番が減った以上に、私と同じような立場をとる評論家が激減した。評論家は最も厳しい市場競争のなかに生きている。昔のように体制批判を続けていると出番を失う。だから、政府批判をしているようなふりをして、巧妙に政府の意向に沿った発言をする。典型は「日本の財政は破たん状態だ。高齢化で社会保障の費用が膨らんでいく以上、消費税の増税は避けられない」といった発言をするのだ。日本の財政は破たん状態にはない。破たん状態の政府が発行する国債が、一％台という世界最低の金利で資金を集められるわけがないのだ。仮に財政が厳しい状況にあるとしても、消費税以外に、法人税、株式の譲渡益課税、金融資産課税、相続税など、国民に大きな痛みを与えずに増税できる課税方法はたくさんある。それにもかかわらず、ほとんどの評論家が消費税率の引き上げを主張するのは、そうしたほうが政府から嫌がらせを受けることもないし、得体の知れない脅迫を受けることもないし、裁判を起こされることもない。何よりもメディアへの出演が増えて、生活が安定する。私は、いろいろな仕事をしているので、体制批判をして干されても生活に困ることはないが、普通はそうはいかないのだ。

そうした状況のなかで、どんどん反体制派が絶滅危惧種になっていく。一般大衆は、馬鹿ではない。しかし、不況のなかでどんどん忙しくなっているから、テレビやインターネットのニュースなど、ごく短い時間でしか情報を取れなくなっている。そこに頭のいい評論家たちが、政府にとって都合のよい発言をするものだから、大衆がすっかり騙されてしまうのだ。景気がよくなれば「構造改革が功を奏した」と言い、景気が悪くなれば「構造改革が足りないからだ」と言う。まるで構造改革教というカルト教団のようだが、実はカルトに洗脳されてしまった人を洗脳から解くことは、きわめて難しいのだ。

これからは私たちの時代だ

ただ、私はかすかな追い風をいま感じている。これまで構造改革派が大きな力を持っていたのは、アメリカという成功モデルが存在し、その真似をすれば、何となくうまくいくのではないかという期待が国民にあったからだ。しかし、三〇年間にわたって猛威を振りまいてきたアメリカの金融資本主義は、いま崩壊寸前のところまで追い詰められている。ホリエモンや村上世彰が逮捕されたあたりから、国民に金融資本主義への疑惑が高まってきた。また、サブプライムローン問題で、複雑な金融工学を駆使して開発した金融商品が、実はかなり怪しげだということも明らかになった。そして、いま投機資金が向かっている穀物や原油や金属といった「資源」のバブルが、いま崩壊の瀬戸際にある。

私はこのバブル崩壊とともに、投機資金のかなりの部分が消滅するのではないかと考えている。これまで、さんざん投機を繰り返してしまったことと、彼らがあまりに巨大化しすぎたため、もはや彼らの資金を受け入れられる投機対象は存在しない。しかもトレーダーたちは、リストラに怯えて、いくらいまの資源価格がバブルだと分かっていても、買い続けて利回りを大きくせざるを得ない。そうしたチキンレースの結末は、大部分のトレーダーを巻き込んで奈落の底へ転落するということなのだ。だから、資源価格の大幅な下落とともに、金融資本主義が消失してしまうのだ。

アメリカは、この三〇年間でカネがカネを稼ぐ金融資本主義にどっぷりと浸かってしまった。真面目にコツコツとモノやサービスを作る努力を忘れてしまったのだ。しかし、カネがカネを稼ぐことは本来ありえないのだ。それをマネーゲームの中で、さもあり得るように、もっとはっきり言えば、金を持っている人間が権力者で、支配者で、しかも付加価値を作り出しているのは資本家だという誤った認識を深めてしまった。

その反動がこれからアメリカを襲うだろう。真面目なモノづくりやサービスづくりを放棄した国は没落していく。世界の高利貸しとして、長く繁栄を続けた国は、歴史上存在しない。一九世紀後半から二〇世紀前半にパクスブリタニカと呼ばれた覇権を確立したイギリスも、金融で国を維持し、世界の工場の地位を捨ててしまったことから転落したのだ。

アメリカという手本を失った日本がどこに向かうのかは、まだよくわからない。ただ、構造改革派が論拠と勢いを失うことだけは事実だろう。

私は、私や吉田司氏の出番がいよいよやってくるのだと思っている。いままで、私たちは「変わったことを言うあやしいおじさん」に過ぎなかった。しかし、ようやく私たちが言ってきたことが正しかったということが、証明されようとしているのだ。

私たちは、確かにこれまで大衆を説得することに失敗し続けてきた。しかし、これからは私たちの時代だ。

何が「改革」だ。何が「民営化」だ。何が「規制緩和」だ。みな、旧体制を叩き潰して、自分たちの利権を拡大するために使った隠れ蓑に過ぎないではないか。覚悟をしていなさい。これから、構造改革派が行ってきた国民への背信行為を次々に私たちが暴いていくのだ。

もちろん、私たちは世間を欺いたり、構造改革派を罠にかけようなどとは思っていない。私たちは、あくまでも愚直に、正々堂々と、権力者の不正を追及し、彼らの行動の本質を暴露していくつもりだ。

私たちにとっての雌伏の時代は終わった。これからは反転攻勢だ。そして、この本はその反撃ののろしなのだ。

協力　山田　聡

森永卓郎（もりなが・たくろう）　経済アナリスト、獨協大学経済学部教授。一九五七年東京都生まれ。東京大学経済学部卒。日本専売公社、経済企画庁総合計画局（出向）、三和総合研究所（現・三菱ＵＦＪリサーチ＆コンサルティング）などを経る。著書『年収３００万円時代を生き抜く経済学』（光文社）『日銀不況』（東洋経済新報社）『構造改革の時代をどう生きるか』（日経ＢＰ）『モテなくても人生は愉しい』（ＰＨＰ研究所）『教育格差の真実』（尾木直樹との共著、小学館１０１新書）ほか

吉田　司（よしだ・つかさ）　ノンフィクション作家。一九四五年山形県生まれ。早稲田大学中退。著書『下下戦記』（大宅壮一ノンフィクション賞受賞、文春文庫）『王道楽土の戦争』（戦前・戦中篇、戦後６０年篇、ＮＨＫブックス）『新宗教の精神構造』（角川書店）『宮澤賢治殺人事件』（文春文庫）『増補新版　ひめゆり忠臣蔵』（太田出版）『そして、憲法九条は』（姜尚中との共著、晶文社）

資本主義は
どこまで暴走するのか

2008年11月30日　第１刷発行
2008年12月20日　第２刷発行

著者　　森永卓郎・吉田　司

発行者　辻一三

発行所　株式会社青灯社
東京都新宿区新宿１－４－13
郵便番号160-0022
電話03-5368-6923（編集）
　　03-5368-6550（販売）
URL http://www.seitosha-p.co.jp
振替　00120-8-260856

印刷・製本　株式会社シナノ

ISBN978-4-86228-027-5 C0033

小社ロゴは、田中恭吉「ろうそく」（和歌山県立近代美術館所蔵）をもとに、菊地信義氏が作成